JN273019

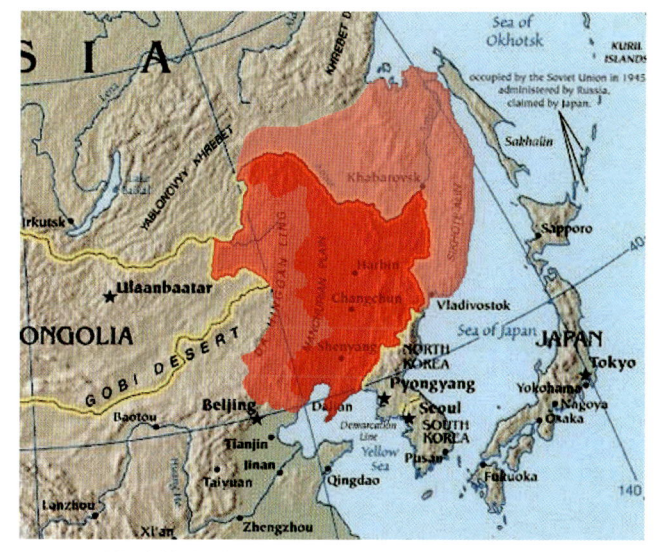

Fig. 1：1860年以前の清国東北部：ウラジオストック，ハバロフスクを含む沿海州は清国領であった．（p. 5, p. 14 参照）

Fig. 2：ロシアが建設（計画）していた中国東北部の鉄道路線（1896年露清密約）（p. 5, p. 14 参照）

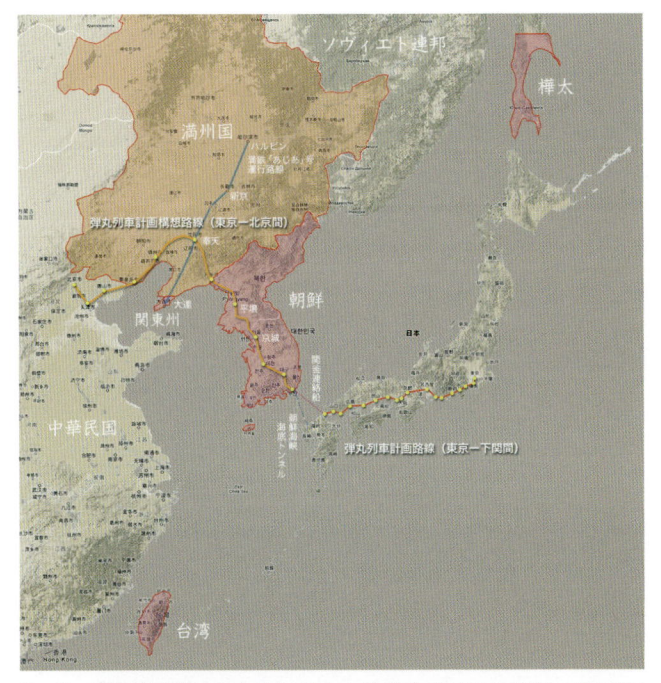

Fig. 3：1905年以後の日本領土（赤）と満州国（1932年以後）．関東州は，
　　　　日本が統治権を有する租借地（p.5, p.14参照）

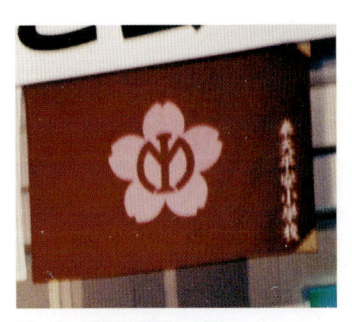

Fig. 5：平安小学校の校旗
　　　　桜の花の中央に満鉄のマーク

満鉄のマーク
線路の断面，両側は共存の意味

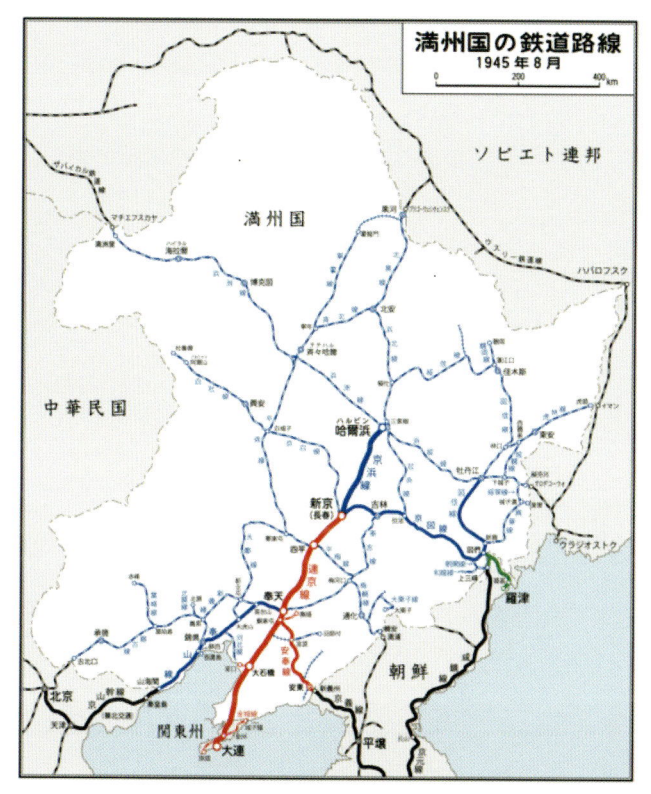

Fig. 4：満州国の鉄道路線図（北満州の鉄道は，1935年まではソ連との合弁）
　　　　赤線：当初の満鉄区間（p. 5, p. 14, p. 16, p. 18 参照）

Fig. 6：アジア号1934年完成，大連―新京間（後ハルビン間）運行（p. 95 参照）

旧満州で
日本人小学生が学んだ
中国語

20年間正課授業として行われた
教育とその背景

川村 邦夫 著

丸善プラネット

まえがき

「満州国」は，現在の中国東北部に，かつて存在した国である．その存在意義，日本の関与，その地を生活の場としていた人々等について，今もさまざまな議論がある．本書は，政治的なことを離れて，抗争，軋轢を離れて，その地に在住していた日本人小学生が学んだ中国語を中心に調査・考察したものである．「満州国」がいつ建国され，いつまで存在したのか．「満州」あるいは「満州国」とはどこにあったのか，など歴史的，地理的な事項については，正確を期するため，諸資料に基づいてやや詳細に解説した．

中国東北部の日本人小学校では，1925年から正課としての中国語が教科に取り入れられ，1945年まで20年間にわたって小学校4年生から6年生まで，小学校卒業後は旧制中学校，あるいは高等小学校においても，国語に次ぐ時間数を配当して中国語教育が行われていた．その間，教育を受けた人の数は，数十万人に上ると予想される．しかし，現在，このことはあまり知られていない．そればかりか完全に忘れ去られようとしている．

筆者は，小学校で正課の授業として中国語を学習した一人であり，同じ小学校全校の同窓会の席で出席者に聞いたところ，全員が教科書の一部を今でも鮮明に覚えていた．

今，小学校における英語教育のことが話題になっており，その課題の一つが英語学習よりも，日本語（国語）をしっかり習得することが重要であるという主張がある．また，内容についても議論があり，できるだけなじみやすい，親しみのもてる言葉であることが良いとされているようである．その結果，"Hi! Friends!" などという副読本の言葉が一番先に出てきたりしている．しかし，児童といえども，初めて会った人に対して，"Hi!" と呼びかけることはあり得ない．

英語の早期教育は必要なことであるが，母国語以外の言葉で外国人に初めて話しかける場合には，小学生といえども，それなりの礼儀と言葉づかいがなけ

ればならない．

　かつて外国語である中国語を小学校4年生から学習した数十万人もの日本人が我国にいたのである．すでに当時から70年あまりの歳月が過ぎているが，筆者の小学校の同窓会では記憶も明晰な先輩・同輩が今も大勢いる．その経験を生かすためにも，「旧『満州国』日本人・小中学校に於ける正課としての中国語教育とその背景」についてまとめることは意義のあることであると思い，本書を執筆した．

　実際に取りかかってみると，満州国建国以前の，日本の直轄統治地区であった旧関東州（大連，旅順）などの資料は数多くあるが，満州国時代の資料はなかなか入手が困難であった．困難ではあったが，多くの先輩・友人の援助，協力を得て調査し，主要な資料を基に本書をまとめることができた．

　一部，中学校の教育にも言及している．歴史的には，満州国建国以前の1925年から中国（当時，中華民国）東北部の日本人小学校では中国語教育が正課の授業として行われていたが，その内容については，日本の直轄統治地区を除き，現在に至るまで，ほとんど研究されていなかった．

　当時（1945年まで）使用された小学校4年生から6年生まで，および高等小学校1，2年生と中学校1年生から5年生までの教科書および教師用教授参考書を入手し，その内容を精査することによって当時の中国語教育の内容を詳細に把握することができた．さらに，小学校での中国語教育についての自らの記憶や筆者が在学した満州の小学校の同窓会会員や当時教育を受けた人々に聞き取り調査をした結果と小学校の回想録等を基に調査を進めた．また，1925年に正課の授業として中国語が課せられるようになった経緯を諸種の文献により調査した．これらの調査の結果から今まで知られていなかった多くの新しい知見を得ることができた．

　語学の教育には教師の研修が必須であるが，筆者が在籍していた小学校では，1943年当時，専任の教師に加え，同時に2人の新任教師が北京大学に留学するなど，中国語担当教師の研修にも力を入れていた．また，小・中学生に対する中国語教育は満鉄が主体となって推進したものであることも分かった．日露戦争後30年を経て1935年にようやくソ連が北満州から撤退したのは，一つにはソ連の北満の鉄道の維持に問題があったためである．鉄道路線維持の

ためには，現地の作業員の協力が不可欠であるが，日本人は中国語を学び，現地の人とのコミュニケーションができたことによるものであった．本書を通して得られた知見は歴史的新事実であると同時に，語学教育の今後のあり方，語学の重要性，今後の日中関係のあり方，ひいては国際関係についても参考になると考える．

　なお，従来の同種の研究は，満州国建国（1932年）以前の調査であるか，あるいは，日本の直轄統治地区（関東州：大連，旅順）に限定されており，「満州国」の日本人小・中学校を対象にした記述は存在しなかった．本書で述べる調査・研究は，この種の調査・研究としては初めてのものである．
　本書では，「満州」という呼称をなるべく避け，満州国建国以後については，「満州国」と記載した．満州国建国以前の地名については，できるだけ中国東北部とした．「満州」というのは，「東三省（遼寧省，吉林省，黒竜江省）」を指すのか，「内モンゴルの東部」や「熱河省」を含むのか，日本の直轄統治地区であった「関東州」を含めるのか，不明確な文献が多いためである．それらを一括して「満州」というのはあまりにも大雑把過ぎると考えられる．日露戦争後，日本が取得した南満州鉄道沿線と1935年までロシア（のち，ソ連）が実効支配していた東清鉄道沿線地域とは，一概に論じることができない．それぞれ教育制度も社会制度，居住者の生活も異なっているためである．
　また，1932年の満州国独立までの歴史については，なるべく，欧米の著書を参考にした．日本あるいは中国の当事者としての偏りが見られることを懸念したためである．
　本書が，少しでも日中関係の正しい歴史理解と，正しい語学教育の参考になれば幸いである．

2014年3月

川　村　邦　夫

目　　次

まえがき　　iii

1. はじめに……………………………………………………………1
   1.1　概　要　1
   1.2　本書のねらい　2

2. 明らかになった歴史的事実………………………………………5

3. 中国東北部の日本人小・中学生に対する
   中国語教育の歴史的背景…………………………………………9
   3.1　「満州」の呼称の由来　9
   3.2　「関東州」の名称の由来　10
   3.3　関東州の租借権の変遷と日本　10
   3.4　中国東北部（いわゆる「満州」）の支配者の変遷　11
   　　（1）「満州」地方における統治の歴史
   　　（2）「満州」における中国語の論点
   3.5　ロシアの東アジアにおける領土
   　　　　――地域拡大と鉄道網拡大の歴史　12
   3.6　日露戦争時の「鉄道」に対する考え方：日本とロシアの違い　16
   3.7　清朝の滅亡と中華民国の成立　17
   3.8　満州国の建国とソ連の満州からの撤退，日本の進出　18
   3.9　清国，中華民国，満州国に在住した日本人児童・生徒に対する
   　　中国語教育　19

4. 満州国建国以前の日本人に対する中国語教育 ……………………… 21
  4.1 旧「満州国」在住日本人小・中学生に対する中国語教育と
      その意義についてのまとまったものはなかった　21
  4.2 満州国建国以前の研究・論述―関東州中心―　22
    (1) 今までに論じられてきたこと
    (2) 1930 年代の中国における中国人小学初級学生用教科書「開明」
        国語課本（初版 1932 年，2010 年第 2 次復刻）について

5. 「満州国」建国以前の日本人小・中学生に対する中国語教育
   (1906-1931 年) ……………………………………………………… 31
  5.1 中国東北部に在住した日本人子弟に対する教育目標　31
  5.2 日露戦争以後，満鉄付属地における日本人小・中学生に中国語教育を
      行った経緯と意義――日露戦争以後，満鉄付属地での中国語教育　32
  5.3 中国語教育の実施準備　34
    (1) 当時の中国語教育の状況
    (2) 学習開始年齢に関する検討
  5.4 中国語教員の養成と養成方針　35
  5.5 満州国における統治と中国語教育――日本と西欧との差　37

6. 満州国在住日本人小・中学生の教育に中国語を正課として
   導入した意義 ………………………………………………………… 39
  6.1 教育開始時　39
  6.2 日本人小・中学生が中国語を学んだ意義　39
  6.3 内堀経文（当時奉天中学校校長）の日中共学論
      ――満州国在住日本人の中国語教育開始前夜　41

7. 正課としての中国語教育の発足 ……………………………………… 43
  7.1 中国語教員養成の実績と教員の手記　43
    (1) 奉天平安小学校の例
    (2) 中国人小学校で教師となった例
    (3) 平安小学校教員で，小学校在籍のまま北京大学に留学した

　　　　　小川倉一氏の手記
7.2　小学校卒業生の例　45
　　（1）豊原兼一氏（第二回平安小学校卒業生，1936年，
　　　　　初代平安小学校同窓会長）
　　（2）満州で生まれ，満州の小・中学校で中国語を学習した
　　　　　一日本人の手記
　　（3）平安小学校卒業生の中国語授業の経験
　　（4）満州の日本人小学校と満鉄のつながりの例
7.3　日満共存共栄の考え方―当時の教科書（1）　49
7.4　日満共存共栄の考え方―当時の教科書（2）
　　　孫文の思想「大亜州主義」の考え方の紹介　50
7.5　満州国在住日本人小学校の正課としての教科書について　56
　7.5.1　中国語のレベルと教え方　56
　　（1）支那語の単字音数
　　（2）現在の中国語検定（日本中国語検定協会）試験内容との比較
　7.5.2　発音の表し方　58
　7.5.3　発音上の注意　61
　7.5.4　注 音 符 号　64
　　（1）注音符号の発音の図解
　　（2）注音符号の文字（子音字）
　　（3）注音符号の文字（母音字）
　　（4）声 調 記 号
　7.5.5　日本仮名方式による発音表記の例（初等教科書　巻一）　66

8. 日本人小学校で使用されていた教師用教授参考書指導要領…… 69
8.1　教科書の作成，選定の考え方――教材として採用した語や文　69
8.2　初等支那語教科書教授参考書　70
8.3　用　　語　71
8.4　中国語により中国人の風俗，習慣，ものの考え方を理解する　75
8.5　小学校6年生の中国語学習最終課程の内容　78

9. 考察と結語 …………………………………………………………… 81
9.1 語学教育について　81
(1)　語学は単なる意思疎通，外国語を読む手段ではない
(2)　指導方法―教師用　教授参考書
(3)　中国語学習―語学学習の意義
(4)　語学教育における中国語の位置付け
9.2 終戦時における国家としての考え方　83
9.2.1 終戦時の在外邦人に対する措置
　　　　――9月24日付外務大臣訓令　83
9.2.2 外務省訓令――可能な限り現地化せよ――　85
9.2.3 「現地定住」方針の転換　89
9.3 満州国在住日本人に対する中国語教育の成果――日中友好　89

総　括 ………………………………………………………………………… 91
あとがき ……………………………………………………………………… 93

付属資料
　　初等支那語教科書教授参考書抜粋

1. はじめに

1.1 概　要

　「教育」は国，地域，時代によって，その内容が異なることは当然であるが，歴史を知りその良いところを現在に，また将来に生かしていくことは，我々の責務である．本書の内容は「旧『満州国』に在住した日本人小学校の中国語教育」に関するものである．

　旧「満州国」[1]に在住した日本人小学生は4年生以上，中学生まで正課の授業として中国語を学習していた．満州国建国以前の1925年から，中国語学習の制度が確立されており，約20年にわたって日本人小・中学生に対する中国語教育が行われていたことになる．その間，数十万人の児童・生徒が中国語を学習した．その人数の詳細な集計はないが，1945年の終戦時，在満日本人数が155万人であったこと[2]，満州国からの引揚者は，1,045,525人[3]であり，その41.8%が19歳以下であったことが分かっている[4]．これらの数字から，満州国の小学校において，中国語が正課となった1925年以降，1945年までに中国語を学習した小学校生徒数が30万人以上と推定される[5]（関東州は除

---

[1] ① 1951年日本放送協会：「日本放送史」では「満州国および帝国直轄領　関東州の放送局」と明確に区分している．
　② 朝日新聞社は「満州」に「関東州」を含めた記事に対して「修正，陳謝記事」を掲載している．
　③ 若槻泰雄：「戦後引揚げの記録」，時事通信社，1991年，p.121．「大連・旅順地区は日本の租借地で"満州国"には含まれない」とあえて注釈をつけている．
[2] 同書．大連，旅順（関東州）からの引揚者は満州からの引揚者とはみなしていない．
[3] 厚生省引揚援護局，1990年1月1日現在．
[4] 厚生省「引揚者特別交付金支給事務処理実績表」による．
[5] 推定の根拠：「満州国」からの引揚者100万人の41.8%は19歳以下（=42万人）．1学年当たり(41.8÷19)=2.2万人．1925年から1945年まで20年間で44万人．この70%と想定．

く).

　その学習レベルは，初歩の発音から日常の会話，中国東北部の人々の日常の挨拶や生活習慣から始まり，中学校高学年になると孫文の論文を読むまでになっていた．また，中国語担当の教師も現地で特別教育が行われるほか，留学制度も完備しており，多くの若い教育者が中国の大学に留学していた．

　今般，当時使用された小・中学校の全教科書と教師用教授参考書の内容を詳細に調べるとともに，当時の教師の手記，日本人がおかれていた環境についても合わせて調査・考察した．最終章では，本書で縷々述べてきた内容に基づき，中国語教育にとどまらず語学教育一般のあり方についても考察した．

　筆者の調査した範囲では，「満州国」で行われた日本人小・中学生に対する正課としての中国語教育の調査・考察としては，本書が初めてのものである．

　本書によって明らかになった点は多々あるが，個々の発掘事例は3章にまとめて記載した．

1.2　本書のねらい

　旧「満州国」の日本人小学校では，4年次以降，正課として中国語の授業が行われていた．中学校（旧制）では，さらに高度な中国語が正課として課せられていた．このことはあまり知られていない．

　本書では，次の4点を主な目的として調査・考察を行った．
(1) 「満州国」建国以前に中華民国東北部，南満州鉄道沿線付属地在住日本人小・中学校で正課として中国語の授業が行われるようになった経緯と日本人の居住地域，清国，中華民国の中における日本人の環境を明らかにする．
(2) 「満州国」建国以後，制定された日本人小学生用中国語の教科書と「満州国」建国以前の教科書との差違を明らかにする．
(3) 「満州国」での中国語教育の内容を調査し，明らかにする．
(4) 「満州国」の小・中学生に対する中国語教育の調査と考察．
　　この目的達成のため，
　• 当時の小学校の卒業生からの聴取

- 当時使用された小・中学校の中国語教科書と教師用指導参考書の精査
- 「満州国」建国以前の中華民国時代に日本人児童に使用された中国語の教科書との比較
- 関連する諸資料についての調査，検討

2.
明らかになった歴史的事実

(1) 1860年，ロシアと清国の間で北京条約が締結されるまでは，ウラジオストック，ハバロフスクを含む沿海州は清国の領土であった．(Fig. 1)

(2) 当時，満州（清国末期～1932年満州国建国以前は中華民国）東三省（中国の東北地方：遼寧省，吉林省，黒竜江省）は張作霖および張学良の統治下にあった．また，北満州では，ソ連軍とロシア人が駐在し，北満州中央部横断「中東鉄道」[6]（チタ—満州里—ハルビン—綏芬河—ウラジオストック線）を建設（1933年完成）中であった．(Fig. 2)

日本の影響は，日露戦争の結果ロシアから得た東清鉄道（中国東北部を東西—南北に縦断・横断する鉄路網）の南満支線（南満州鉄道株式会社の前身）の大連—新京（長春）間とその付属地に限定されていた．(Fig. 3, Fig. 4)

賠償金と領土の拡張という戦果がないことに対して日本各地で民衆暴動が起き，東京都内の交番の少なくとも70％が破壊されたという[7]．したがって，日本の「植民地」といえる状態ではなかった．この事実は現在の一般の認識とは異なっている．

日本人および日本人小・中学生に対する中国語教育は，満鉄（南満州鉄道株式会社）初代総裁後藤新平の熱意によるところが大であった．「植民地」経営，統治とは全く関係なく，鉄道およびその付属地の維持，共存共栄の観点からであったと考えるのが妥当である．なぜならば，1935年に

---

6) ① 中東鉄道の理事会本部所在地：ソ連，サンクトペテルブルグ．ロシア（のち，ソ連）の支配の実態をよく表している．ソ連全額出資の会社である．
② アンドルー・ゴードン：「日本の200年（上）—徳川時代から現代まで」，森谷文明訳，みすず書房，2006年，p. 256-257，（原題："A Modern History of Japan; From Tokugawa Times to the Present", Oxford university Press, 2003）．

7) 同書，p. 277．

北満州からソ連が撤退するまでは，ソ連の支配力の方が大きく，日本人の数も少なく，その活動は満鉄の路線と沿線に限られていたからである．この事実も現在の一般の認識とは異なっている．

　鉄道路線およびその付属地の維持は日本にとって大きな意味をもっており，「中国語教育」もその一環であった．これは，他の欧米植民地が，現地の言語を習得せず，収奪を目的とした運営を行っていたのとは大きく異なっている[8]．

(3) 中華民国時代（「満州国」建国以前）に日本の直轄統治地区（関東州）および東北部在住の日本人小学校で行われていた中国語教育に関する研究は今までにもあったが，日本人が多く居住するようになった「満州国」建国以後（1932年以後），数十万人の日本人小学生に対して行われた中国語教育に関する研究としては，本研究が初めてである．

(4) 日露戦争後，日本が統治権を獲得した日本の直轄統治地区（関東州）を「満州」と誤解している著述[9]もあるが，これらの記述については，本書の中で修正した．

(5) 1916年以降は張作霖が東三省を統治していた（のち，張学良）[10]．内モンゴル自治区，吉林省，黒竜江省を通る東北部横断鉄道（中東鉄道）など東北部横断主要鉄道およびその沿線は日露戦争後も，満州国建国以前はロシア（のち，ソ連）の管理下にあった．後に満州国の一部となる内モンゴル東部および熱河省など万里の長城北部は，東三省には含まれず，従来から，満州には含まれていなかった．専門家の論文においても「満州」を論じる場合に不明確な記載が多い．

　満州国建国以後，1935年までは満州国とソ連の合弁として鉄道は運営されていた．

---

8) クリスティアン・ウォルマー：「鉄道と戦争の世界史」，平岡緑訳，中央公論新社，2013年（原題："Engines of War; How Wars Were Won & Lost on the Railway", Atlantic Books Ltd., 2010）．

9) 竹中憲一：「『満州』における中国語教育」，柏書房，2004年．

10) ① 福田実：「満州奉天日本人史」，謙光社，1976年，p. 95.「民国5年（1916年），奉天盛武将軍に任ぜられ，巡按使を兼ね，軍民両政権を掌握，東三省（遼寧省，吉林省，黒竜江省）に号令することになった．」

② 児島襄：「満州帝国　第一巻（勃興）」，文芸春秋，1975年．

(6) 小・中学校の教科書は，民族融和と語学内容をよく考えたものであった．教師用としては，「指導教授参考書」があり，その内容は教師にとってきわめて懇切，詳細なものである．ほかに，補助視覚資料として「掛け図」等も用意されていた．
(7) 発音は，小学生の理解しやすい「日本式発音方式」を取ったが，その指導はきわめて入念であった．中華民国時代の教科書では注音符号が用いられていたが，満州国建国以後は，注音符号は用いられなくなり，「日本語仮名方式」の発音記号となった．
(8) 「語学」は語学を教えるだけでなく，満州中国人の生活，風俗・習慣を理解し，相互融和を図るべく配慮されていた．
(9) 高等小学校卒で，一応のコミュニケーションを中国人と取ることができ，中学校卒で孫文の論文が読める程度の語学力を目標とした．
(10) 中国語担当教師には 1) 北京大学はじめ中国本土の専門性の高い教育機関への留学，2) 現地における集中教育，3) 専門教育を受けた中国人教師の雇用，の方策が採られており，一つの小学校に複数の中国語専門の教師が配属されていた．
(11) 当時の児童・生徒で中国語の教育を受けた人の中には，中国人並みの中国語能力とコミュニケーション能力を有する人も多く，戦後の日中交流に貢献した．
(12) 「満州国」在住日本人とその子弟に中国語教育を勧め，現地の満漢鮮蒙人と共存共栄をはかった意義は，狭い国土を離れ，大陸に生活の場を求めたこと，すなわち移民政策でもあり，端的に表現すれば，「棄民」であり，終戦直後，外務大臣が発信した訓令「在外日本人は可能な限り現地化せよ」に現れている．

　「中国語教育の推進」と「現地との共存共栄」と終戦直後の日本政府訓令「在外日本人は可能な限り現地化せよ」との方針は，底流で符合する点がある．

　第二次世界大戦の敗戦，満州国の消滅は明確には，為政者の間でも認識はされていなかったと思われるが，伏線であったことは間違いのないところと理解するのが妥当である．

(13) 1930年代に，満州国在住日本人用の教科書と上海で使われていた中国人小学生用の両教科書に，歴史上の人物として唯一人，「孫文」が取り上げられているのを発見した．これは，単なる偶然ではなく，当時も両国が共通した価値観をもっていたことを意味している．当時の国際的・社会的状況を考えると，これはきわめて大きな意味があると見ることができる．

(14) 満鉄の国策会社としての重要性は，鉄道およびその付属地のもつ国際的な重要性として，最近，イギリスのクリスティアン・ウォルマーが，世界各地の多くの事例によって指摘している[11]．

満鉄の中国語重視が満鉄の発展の原動力となったと見ることができる．言葉を変えれば，満鉄の中国語重視がなければ，満鉄の中国東北部における円滑な運営と発展はなく，日露戦争後も続いたロシア（のち，ソ連）との競合に勝つこともなかったと考えられる．

このことは，次の事実が示している．

1) 1903年ロシアはロシア人2万人を雇用して中東鉄道建設を行ったが，難航した．現地中国人作業員とのコミュニケーション問題が頻繁に起こっていた．

2) 1929年には北満州の鉄道問題に端を発し，東三省を統括する張学良軍とソ連軍が交戦した（中東路線事件，あるいは奉ソ戦争）．
満鉄幹部は，繰り返し中国語の習得は「緊切欠くべからざる」教科であると発言し，初等教育における中国語教育を重視した．

3) 満鉄は，小学生に対する中国語教育を早期に実施するため，「付属地小学校規則」の改訂手続きを避け，「正課に準ずる」科目として事実上の「義務教育科目」とした．

4) 学校教育に加え，社会人に対しては中国語の検定試験が行われていた．

---

11) クリスティアン・ウォルマー：「鉄道と戦争の世界史」平岡緑訳，中央公論新社，2013年（原題："Engines of War; How Wars Were Won & Lost on the Railway", Atlantic Books Ltd., 2010）．

3.
中国東北部の日本人小・中学生に対する中国語教育の歴史的背景

3.1 「満州」の呼称の由来

　満州，満州国，関東州の地域名は，しばしば混同して用いられている．そのために「調査」，「問題点の論じ方」に差違が生じることがある．現在でも混同した報道の事後訂正が行われていることがある．厳密さを要求される学術論文にも明らかな間違いが見られる．

　したがって，本書で満州国，関東州を論ずるに当たって，初めに，満州，満州国，関東州とはどこを指すのか，その年代を含めて，緒方論文に従って定義を明確にしておく[12]．

　旧満州とは，一般には現在，中華人民共和国において「中国東北部」と呼ばれる地域を指している．「満州」という言葉は，もともとは12世紀には民族名（満州族）を指していた．

　清朝の太祖ヌルハチの民族名の「マンジュ」（Manchu，満州族）支配領域をマンジュ・グルン（満州国）と呼ぶことがあり，この地域が清の支配民族である満州族の居住地域であったことから，西欧語で「マンチュリア」（Manchuria）と呼ばれるようになり，漢字文化圏でもこの地域を「満州」と呼ぶようになった経緯がある．

　清朝の時代には，東北部は清国の一部ではあったが，満州族の地であり，漢民族は立ち入ることのできない「封禁」の地であった．しかし，清代の後半，特に義和団の乱の後，山東省や直隷から「禁じられた土地」に入植者が入り込

---

[12] 緒方貞子：「満州事変：政策の形成過程」岩波書店，2011年（原題："Defiance in Manchuria: The Making of Japanese Foreign Policy, 1931-1932", University of California Press, 1964）．関東軍参謀片倉少将と大本営との往復書簡，連絡文書，直接面談記録などを基にしたもの．

むようになった[13]．1911 年，辛亥革命により中華民国が建国した以後は東北三省はもはや禁令の地ではなくなった．

1932 年に「満州国」が建国されるまでは，清国時代も，中華民国時代も地域の通称名として「満州」が「満州族が住んでいる土地」という意味で用いられることはあったが，正式な地名として用いられたことはなかった．

日本では「満州」とは「中国東北部」を指し，「関東州」を含んだ地域名として漠然と用いることもあるが，この呼称は正確とはいえない．満州国建国以後は，関東州は満州国には含まれていない．内モンゴル自治区の東部，熱河省は「満州国」に含まれるが，東三省には含まれておらず，「満州」とはいわない．

3.2 「関東州」の名称の由来

日露戦争後のロシアとの講和条約[14]で，清朝からの租借地の権利を日本が引き継ぐことになり，清朝との間で満州善後条約（ポーツマス条約）を締結し，この地域における権益をロシアから日本へ移譲した．この租借地の名称は「関東州」である．

「関東州」の名称の由来は，万里の長城最東端に位置する山海関よりも外の土地という意味で「関外の地」，あるいは，「関」よりも東の土地という意味で「関東」とも呼ばれた．遼東半島の先端部の旧日本の直轄統治地区，大連，旅順を含む地域を「関東州」といい，この地域に駐在することを主とした日本の軍隊を関東軍というのも，この地名に由来している[15]．

3.3 関東州の租借権の変遷と日本

(1) 日露戦争後，ロシアが遼東半島に所有していた租借権を日本が引き継ぎ，清国から権益譲渡を受けることとなった．すなわち，関東州の権益

---

13) 並木頼寿，井上祐正：「世界の歴史 19—中華帝国の危機」中央公論新社，1997 年，p. 182.
14) 1905 年 9 月ポーツマス条約．
15) 1905 年 12 月 22 日（中日会議東三省事宜条約）．

は，清国から日本に移った．
(2) 1912年清朝崩壊後，中華民国が建国され，関東州の租借地は1915年に中華民国との条約により中華民国からの租借となった．すなわち，関東州の権益は，中華民国から日本に移った．
(3) 1932年に満州国が建国された以後は，租借権の設定は満州国から日本に譲渡されることとなった[16]．すなわち，関東州の権益は満州国から日本に移った．

　このような経緯から，大連，旅順等の関東州の権益は満州国には含まれておらず，日本の直轄統治地区となったのである．したがって，公文書では，区別して「満州国」「帝国直轄領関東州」といい，両者を併記するときには，「満州国および帝国直轄領関東州」と記載している．また，報道記事でも，関東州を満州と混同して記載した場合には，訂正記事が出されることになっている[17]．

　現在の中華人民共和国では地域名称として「満州」を使うことは避け，「中国東北部」と呼ばれている．

　上記のように，関東州が満州であったことは，歴史上一度もないのである．

3.4　中国東北部（いわゆる「満州」）の支配者の変遷

(1)「満州」地方における統治の歴史

　中国東北地方，いわゆる「満州」地方における統治の歴史は，前節で述べたように清朝の太祖ヌルハチの民族名の「マンジュ」支配の地域であったことに遡るが，以下に19世紀に入ってからのロシア，清朝，日本，中華民国の関係について述べる．

　後で述べるように，すでに発表されている論文や出版物の中で，「満州国」建国以前の，1) 清朝時代の歴史的事実，2) 中華民国時代の歴史的事実，3) 清国，中華民国，満州（国）との混同が見られる．

---

16) 関東庁警務局資料（MF：明治大学図書館蔵），更新日：2012年12月20日．
17) 報道修正の例：朝日新聞社発行「アエラ」平成2年3月13日号では，「旧満州国大連」と書いた記事に対して次のとおり修正記事を掲載している．「大連は旧満州『地方』ではありますが，日本の植民地『関東州』に属し，『満州』国には含まれませんでした．訂正します．」

事実上，ロシアあるいはソ連の支配下にあった中国東北部について，「『満州』における日本人」[18] 等と，「清国」あるいは「中華民国」の東北部が「満州」であり，その「満州」に日本が支配力を有していた，あるいは日本の植民地であったかのような記述がある．1932年以前には「満州」の実態は存在せず，清国あるいは中華民国東北部であったのである．

(2) 「満州」における中国語の論点

本書は，「『満州国』に在住していた日本人児童・生徒に対する正課としての中国語教育」を論ずるものであり，

1) まず，「『満州』あるいは『満州国』とはいつの時代のどこのことか」を明確にすることが必要と考えて述べたものである．
2) 「そこに住んでいた日本人」とは「どこ」のことか．しばしば，日本領関東州を満州としている記述があるが，これは正しいとはいえない．
3) 「正課としての教育」はいつから，どのように行われたのか，の諸点を明確にしておく必要がある．

以下にその範囲と歴史的経緯，年代を述べる．

3.5　ロシアの東アジアにおける領土
——地域拡大と鉄道網拡大の歴史

19世紀以降の中国東北部，いわゆる「満州」と呼ばれることのある地域の歴史を概観すると，ロシアの影響が非常に大きいことが分かる．

沿海州地域，すなわち，ウラジオストックからハバロフスクに至るウスリー川東岸から日本海に至る地域は，1689年のネルチンスク条約により，清国の支配地域となっており，外満州とも呼ばれていたが，1860年の北京条約によって，ロシアの領土に編入された[19]．ウラジオストック，ハバロフスクが清国

---

18)　① 竹中憲一：「『満州』における教育の基礎的研究」，柏書房，2000年．
　　　② 竹中憲一：「『満州』における中国語教育」，柏書房，2004年．
　　　③ 在満日本人用教科書集成，第8巻支那語教科書，編者 磯田一雄／槻木瑞生／竹中憲一／金美花，柏書房株式会社，2000年11月30日．
19)　並木頼寿，井上祐正：「世界の歴史19——中華帝国の危機」，中央公論新社，1997年，p.

領からロシア領になったのである．(Fig. 1)

　その後，1896年ロシアと清国の間で露清密約と呼ばれる条約が締結された．その内容は，1) 清の港湾はすべてロシア海軍に開放される，2) ロシアが黒竜江省と吉林省を通過してウラジオストックへ至る鉄道を建設することを許可する，3) 鉄道の建設と経営は，ロシアが設立した金融機関が引き受ける，とするもので，ロシアは清国の東北地方における大きな権益を得ることになった[20]．

　その後，露清密約の内容に沿って，1905年までに清国領のハルビンを経由してモスクワとウラジオストックをつなぐシベリア鉄道（一部，東清鉄道）が建設された[21]．一方，1898年には，大連・旅順租借条約を締結し，ハルビン―大連―旅順に至る東清鉄道南部支線の権益を獲得した．これによってウラジオストックに加えて旅順にも軍港を建設した[22]．

　当時，奉天に在住していたスコットランドのクリスティーは，その著書「奉天三十年」（矢内原忠雄訳）の中で次のように述べている．

　『日本がその領土として印をつけた（筆者注：「領土として印をつけた」とは，日本領であったが，三国干渉により放棄していたことを指す）旅順の不凍港並に要塞を，ロシヤは支部の同意の下に自分の物となし，大連湾（別名ダルーニー）に新なる不凍港を築き，日本の戦場を縦貫して鉄道の

193.

20) 露清密約：1896年6月3日にモスクワでロシアと清国の間で締結された秘密条約．密約の主な内容は次のとおり：日本がロシア極東・朝鮮・清国に侵攻した場合，露清両国は陸海軍で相互に援助する．締結国の一方は，もう一方の同意なくして敵国と平和条約を結ばない．戦争の際には，清国の港湾はすべてロシア海軍に開放される．ロシアが軍隊を移動するために，清国はロシアが黒竜江省と吉林省を通過してウラジオストックに至る鉄道を建設することを許可する．鉄道の建設と経営は，露清銀行（ロシアが設立した中国における金融機関）が引き受ける．ロシアはこの鉄道により軍隊と軍需物資を自由に輸送できる．この条約は15年間を有効期限とし，期限満了の前に双方は条約を継続するか協議することができる．これらの内容は1922年のワシントン会議の席上で中華民国の代表からその存在が初めて発表された．

21) 上記露清密約により，東清鉄道の建設を計画，長春―大連間の路線を南部支線とした．満州里―綏芬河間を中東鉄道とし，ロシア横断モスクワ―ウラジオストック連絡線を計画．東清鉄道南部支線（大連―長春間）は日露戦争の結果，日本に譲渡．

22) 並木頼寿，井上祐正：「世界の歴史19―中華帝国の危機」，中央公論社，1997年，pp. 323-329．

敷設を始め，朝鮮の問題にさへ干渉し始めた．―中略― 強力に警備されたロシヤの軍用鉄道が，東三省の心臓部を貫いて走った．各省の首府には領事の外に，護衛の大部隊を有するロシヤの使節が駐在，盛京将軍（筆者注：張作霖のこと）でさえこの使節と談判することもロクに出来なかった[23]．』

これに対して，日本は，1905年の日露戦争で勝利し，ロシアが有していた旅順および大連を含む関東州（大連，旅順）の租借権を獲得し，またロシアは長春以南の南満州支線とその付属地の利権を日本に譲渡した[24]．（Fig. 4）

日本は，これにより清朝から関東州の統治権と大連―新京（現，長春）間および安東（現，丹東）―奉天（現，瀋陽）間の鉄道とその沿線の権益を獲得した．しかし，ロシアは日露戦争後も，清朝東北部，清朝滅亡後は清朝を引き継いだ中華民国東北部において，強大な権益を有していた．ロシアは，中国東北部の鉄道の権益拡大を続け，1905年には，満州里からハルビンを経て綏芬河，軍港のあるウラジオストックに至る鉄道（中東鉄道）の建設に着手した．

中東鉄道の権益を確実なものとするため，1924年には，ソ連と中華民国の間で北京協定が締結され，シベリア鉄道から北満州を横断してウラジオストックに達する中東鉄道の利権はソ連にあることが相互に確認された．（Fig. 2）

しかし，中華民国東北部を横断している中東鉄道にソ連が関与していることを中華民国は問題視しており，1929年に中東鉄道を巡りソ連と中華民国の間で軍事衝突が起きた．

23) ① クリスティー：「奉天三十年（上）（下）」，矢内原忠雄訳，岩波新書，1938年（原題："Thirty Years in Moukden, 1883-1913", "being the experiences and recollections of Dugald Christie", edited by his wife, London, 1914）．
② 同書，下巻，p. 221.
③「奉天」というのは，現在の「瀋陽」のことである．元朝時代に「瀋陽」と呼んでいたが，清朝成立後，1657年，順治帝のときに国都を北京に移し，従来の都，盛京を「奉天」と呼ぶようになった．第二次世界大戦後（1945年），清朝および満州国時代の都市名「奉天」を改め，元・明時代の都市名「瀋陽」とした．上記クリスティーの著書では，「奉天」を"Moukden"と呼んでいるが，これは，清朝時代の満州語の「奉天」の読み方によったものである．英語では今も"Moukden"と呼んでいる．
24) 並木頼寿，井上祐正：「世界の歴史19―中華帝国の危機」，中央公論新社，1997年，pp. 329-334.

これは，中東路線事件あるいは，奉ソ戦争とも呼ばれている．紛争の発端は，中ソの共同管理下に置かれていた中東鉄道の利権を，中国が実力で回収しようとしたことにある．自衛を理由にソ連軍が中華民国東北部（満州地区）に侵攻し，中国軍は大敗した．原状復帰を内容とする停戦協定が結ばれてソ連軍は撤収した後も中国側は協定の無効を主張して再交渉を要求し続けたが実現しなかった[25]．

　これより前，1912年頃のシベリアから中国東北部の北部（北満州）から南部（南満州）に至る状況を，上記クリスティーは，次のように述べている．この内容からも，中国東北部の北部（北満州）がロシア（のち，ソ連）の支配下にあり，南満州地域は張作霖の支配下にあったことが分かる．また，南満州地域の満鉄管理下にあった鉄道の設備が優れていたことが分かる[26]．

『シベリア国境からロシアの列車で，荒涼とした人煙稀なる地方を旅する者は，これは実際上ロシアのもので，支那から失われたのだと思う．それから設備のよい日本の列車に乗り換えれば，南満州の全部は支那とは名のみで，事実は既に日本のものであることはただ時間の問題だ，と益々考へるやうになる．―中略― 外国が何等の接触点をも有たざる，大都市の市民生活，教育の発達，政府の広範囲に亘る諸活動について何をも聞かないのである．事実の問題として，革命以後（辛亥革命）の満州は以前に比して一層強く支那のものとなった．
都督に次いで，現在奉天における最有力者は張作霖将軍であり，反対者に対する彼の周知の厳酷さが，治安を維持する上に多くの力があった．彼は人民から恐れると共に，国をば真の危険から救ふ者として信頼されて居る．―中略― 共和国が帝国に変わった今は，彼は袁世凱をその指導の下に服するに足る人物として認め，共和国に忠順である．』

---

25) 1923年7月，張学良が北満鉄道を強行回収．ソ連が反発し，北満州各地を占領．12月張学良がソ連と講和条約締結．
26) クリスティー：「奉天三十年（下）」，矢内原忠雄訳，岩波新書，1938年，pp. 377-379（原題："Thirty Years in Moukden, 1883-1913", "being the experiences and recollections of Dugald Christie", edited by his wife, London, 1914）．

クリスティーの記述から明らかなように，日露戦争後も中国東北部の北部（北満州）はロシアの領土のような様相を呈していた．辛亥革命後は中国は大統領袁世凱の下にあって，統治され，東北部（東三省）は張作霖の支配下にあった．鉄道の管理と技術については，日露（日ソ）の差は歴然であり，これが，のちに東北部の全鉄道を満鉄が管理することにつながる．満鉄の管理・教育は単に鉄道のみならず，日本人に対する中国語教育の徹底にも及んでいる．本件は，満鉄の管理の基礎となるものである．

ソ連軍の完全撤退は満州国建国以後，1935 年に「満州国からの撤退」という形で行われた[27]．(Fig. 4)

ロシアの中国東北部支配は 1860 年にロシアが沿海州地域の中国領（ウラジオストックからハバロフスクまで）をロシア領として獲得してから 1935 年の満州国撤退に至るまで，実に 75 年間に及んだ．

このようにして，ソ連（ロシア）の中国東北部における支配は終わりを告げた（1911 年まではロシア，1912 年以後はソ連と国名変更）．

3.6 日露戦争時の「鉄道」に対する考え方：日本とロシアの違い

中国東北部において満鉄が果たした役割はきわめて大きいが，その萌芽は日露戦争遂行時における鉄道輸送について，日本とロシアがどのような考え方を取っていたか，によく現れている．

日露戦争という一大事業遂行に際して，日本は輸送，すなわち，鉄道を重視し，鉄道建設の実作業を行う作業者とのコミュニケーションをも重視していた．これが後日，満鉄における中国語教育の重視の考え方につながっていると考えられる．この事実をイギリスの，クリスティアン・ウォルマーの著書から引用する[28]．

---

27) ① 軍令部：「北満国境に於ける蘇支両軍の対抗」『海軍省公文備考 T 事件 巻 6』アジア歴史資料センター（JACAR），Ref.C04016969000
② 児島襄：「満州帝国（1 巻）」，〈文春文庫〉，1983 年，pp. 43-44．
28) クリスティアン・ウォルマー：「鉄道と戦争の世界史」平岡緑訳，中央公論新社，2013 年，pp. 144-158（原題："Engines of War; How Wars Were Won & Lost on the Railway"，

『ロシアが鉄道を単なる補助的な便益として，また輸送手段として消極的な捉え方をしていたのに対して，日本は，鉄道にある価値を戦争の武器として認識していた．「日本は鉄道を，彼らの戦略全般に統合できる大切な要素と見て，鉄道線を補助的な便益として活用しただけでなく，より広範な攻撃計画にも組み入れた．」―中略―「兵士たちが戦場で戦闘行為をしている間も，その裏では，軍隊と補給物資を遠方の前線へ不足なく輸送してそちら側にいる敵を打ち負かすためには鉄道連絡網の延伸が必要だとして，もうひとつ別の交戦が行われていた．それが，日本が決定的な大勝利を収めた鉄道戦争であった．』

3.7 清朝の滅亡と中華民国の成立

　日露戦争後，清朝政府は東北地方の重要性に鑑み，奉天府を改めて東三省総督を置き，東省または東三省（遼寧省，吉林省，黒竜江省）と呼び中央からの為政者を配置したが，19世紀末以来，欧米列強の進出，ロシア（のち，ソ連），日本の東北部への権益の拡大等により弱体化した清朝は1911年の辛亥革命によって倒れ，翌年，中華民国が成立した．

　清朝末期に至るまでは，東北部は満州族占有の支配地域「封禁の地」であり，漢民族の居住は許されていなかった．満州族のほかには朝鮮族，モンゴル族が居住していた．この地にロシアが侵出し，沿海州を領有し，東北部の鉄道とその付属地の権益を獲得した．

　日本は日露戦争の結果，樺太の南半分と関東州および清国東北部の南部，長春―大連間の鉄道（東清鉄道南部支線：のち，南満州鉄道）とその付属地の権益をロシアから獲得した．清国には原住民あるいは先住民としての満州族，朝鮮族，モンゴル族に加え，ロシア，日本が侵出したが，日本が清国東北部や清国で得た権益は東清鉄道南部支線の一部とその付属地であった．中央部および

Atlantic Books Ltd., 2010).
① Felix Patrikeeff and Harry Shukman: "Railways and Russo-Japanese War: Transporting War". Routledge Militaty Studies, 2007, p. 4.
② ibid., pp. 4, 93, 96, 97.

北部は，ロシア（のち，ソ連）が鉄道と沿線の権益を保有していた．

清朝末期の義和団の乱（1900年）により支配力を失い，辛亥革命によって清朝は滅亡し，中華民国は清朝の領土を継承したため，「封禁の地」（漢民族立入禁止地区）であった東北部にも漢民族，特に山東省からの移住者が多く住むようになった．しかし，東北地方の東三省については張作霖の軍閥の支配・統治下にあり，1926年に張作霖が中華民国の大元帥の地位を得て東三省を統括統治する体制が整備されていた．

3.8 満州国の建国とソ連の満州からの撤退，日本の進出

日露戦争の結果，日本は関東州の信託統治としての領有権と長春（のち，新京）―大連間の満鉄沿線の権益を得たが，中国東北部中央以北（新京以北，東西は満州里からハルビン，綏芬河を経てウラジオストックに至る路線）は，ソ連（1911年まではロシア）が管理していた．

1932年になり，清朝最後の皇帝で廃帝溥儀が執政となり，東三省に内モンゴル，熱河省を加えて満州国が建国された[29]．ソ連は，依然として既有の東清鉄道，中東鉄道（北満鉄路と改称）を保持し満州国との合弁事業とした[30]．

次いで，1935年にはソ連は北満鉄路全線の利権を満州国に売却して，1936年に満州国の権益から完全に撤退することとなった[31]．ソ連の方針に同調しないロシア人は，ハルビンを主とし，満州国全土に白系ロシア人として残留した．特にハルビンは，帝政ロシア時代以来のロシア人の都市であり，多くのロシア人が在住していた．

このようにして，中国東北部は1860年以来，76年に及ぶロシア・ソ連の支配から脱し，1936年には，南満州鉄道沿線とその付属地以外は他国の影響を受けない独立国「満州国」となった．

大連，旅順地区は，日露戦争以後，「関東州」と称し，日本の直轄統治地区となっており，「満州国」とは異なり，日本直轄の政治形態により統治されて

---

29) 満州国建国，溥儀執政となる．
30) 中東鉄道はソ連全額出資の会社から満ソ合弁会社となる．
31) ソ連，満州から完全に撤退．

いた．

3.9 清国，中華民国，満州国に在住した日本人児童・生徒に対する中国語教育

　日本は，日露戦争の結果得た南満州鉄道（中東鉄道南満支線）とその付属地を管理するために，1906年に南満州鉄道株式会社（以下，満鉄）を設立した[32]．関東州および満鉄とその付属地の経営・管理に従事する日本人がこの地に在住することになり，日本人児童・生徒の教育も行われるようになった．
　このような状況の中で，満鉄は，
(1) 1915年満鉄は，在住する日本人児童・生徒に対する教育のあり方を研究するために，満鉄教育研究所を設立した[33]．また，
(2) 中国語担当教員に対して中国語，中国事情，中国地理，中国歴史，その他満蒙等の研修も行った．

　1924年には満鉄学務課が，従来，自主的に行われてきた児童に対する教育の実態を調査し「満鉄沿線小学校に於ける支那語学習状況調査報告」をまとめ，1925年には満鉄沿線付属地の小学校において，正課として4年次以降の中国語の学習が正式に決定した．
　満鉄沿線付属地の小学校における正課として中国語の学習が決定，開始されたが，中華民国東北部の北部ではソ連が中東鉄道，東清鉄道の権益を保有している時期であった．またこの後，1929年にはソ連の有する鉄道権益について，中ソ間で紛争があったものの，依然，ソ連のプレゼンスが大きかった．

中国東北部を舞台とする19世紀後半～20世紀前半の情勢
（1915年，1924年，1925年には日本の中国語教育関係の動きがあった）
　＊印：中国語教育関係
　　1860年　　　ロシア，ウラジオストックからハバロフスクに至る沿海州
　　　　　　　　の日本海西岸の地域を清国から獲得．（北京条約）

---

32) 東清鉄道南支線を改称し，南満州鉄道株式会社を設立．
33) 満鉄教育研究所を設立し，中国語教育に注力．

1896年	ロシアは露清密約により満州北部の鉄道敷設権（中東鉄道）を獲得（チタ―満州里―大興安嶺―ハルビン―綏芬河―ウラジオストック）(6月3日).
1898年3月	旅順・大連租借条約締結．ハルビン―大連―旅順に至る東清鉄道南満州線の権益を獲得．旅順に軍港を建設.
1905年	日露戦争の結果，長春以南の東清鉄道南満州支線の利権を日本に譲渡.
1915年(*)	満鉄，満鉄教育研究所を設立．中国語担当教員に対して，中国語，中国事情，中国地理，中国歴史，その他満蒙等の研修を授けた.
1922年	張作霖，東三省を統治.
1924年(*)	「満鉄沿線小学校に於ける支那語学習状況調査報告」（満鉄学務課）. 北京協定により，北満州を横断する中東鉄道の利権はソ連にあることを相互で確認した.
1925年(*)	満鉄沿線付属地の小学校において，正課として4年次以降中国語の学習が正式決定.
1926年	張作霖，北京において大元帥となり，東三省に君臨.
1929年	張学良が北満州鉄道を回収．ソ連と交戦．ソ連北満州各地を占領．12月張学良がソ連と講和（奉ソ戦争，中東路線事件）.
1932年	満州国成立により，中東鉄道（北満鉄路と改称）を満州国とソ連の合弁事業とした.
1935年	ソ連は北満鉄路全線の利権を満州国に売却.
1936年(*)	1) ソ連は満州から撤退（白系ロシア人は残留）．ソ連は1896年以来，40年に及ぶ満州の駐留権益を放棄. 2) 日本人小学生用中国語教科書（第二巻）の発音表記「注音符号」が「日本仮名方式」に改訂された.

4.
満州国建国以前の日本人に対する中国語教育

4.1　旧「満州国」在住日本人小・中学生に対する中国語教育とその意義についてのまとまったものはなかった

　小・中学校における正課としての中国語教育について，当時の教科書を参照し，実際の教育がいかに行われたかについて言及した著作は今までに存在しなかった．1932年（満州国建国）から1945年までに多くの日本人小学校教師が北京大学等に留学して，中国語教授法を学び，また，数十万人に及ぶ児童・生徒が熱心な教師から中国語教育を受けた実態は，あまり知られていない．

　1945年，満州在住の民間日本人数は150万人，うち19歳未満の人数は40%といわれている．この数字から推定すると，終戦までに小・中学校で中国語を学んだ生徒数は30万人を超えると試算される[34]．

　語学教育における学校教育の役割は非常に大きいにもかかわらず，戦前の満州国における中国語の学校教育については，教科書および教師用教授参考書を基にした調査は全くない．

　その地域，民族の語学教育において学校教育が大きな役割を果たすことは，数多の例が示しているところである．一般成人に対する中国語検定制度に関する研究[35]はあるが，一般成人に対する教育は補足的な意味をもつにすぎない．語学教育の基本は学校教育である．

---

34)　① 厚生省「引揚者特別交付金支給事務処理実績表」．
　　　② 若槻泰雄：「戦後引揚げの記録」時事通信社，1991年，p. 273．
35)　李素楨：学位論文「旧『満州』における日本人を対象とした中国語検定試験の研究」，2007年4月1日．

4.2 満州国建国以前の研究・論述—関東州中心—

(1) 今までに論じられてきたこと

竹中憲一氏の記述:

1) 竹中氏は主として，当時，日本の直轄統治地区であった関東州における学校教育について現存する資料を基に調査・研究を行っている[36]．研究は，当時の「国」の通達文書，教育制度，諸記録が主体であり，児童・生徒が実際に学んだ教科書，教科内容に基づくものではない．当時の小・中学生の教育の実態には触れていない．教育制度も昭和初期（1930年）までであり，1931年以降のものはない．すなわち，「『満州』における」という表題の研究ではあるが，「満州国」建国以後のことには触れられていない．満州国建国以前の関東州は清国から日本が権益の譲渡を受けた日本の直轄統治地区であり，満州ではない．

2) 竹中氏は，当時，日本の統治下にあった関東州の児童・生徒の中国語を含めた全教科の教育について調査・研究し，その成果を出版している[37]．地域は関東州（日本領）に限定され，かつ，1931年までの調査である．学校教育の年数ごとの制度，人数の推移等，統計資料が主体である．教育内容についてはほとんど触れられていない．また，タイトルは「満州」となっているが満州国建国は1932年であり，中華民国時代のもので，「満州国」建国以前の関東州を「満州」と称している．しかし，満州は通常東三省（遼寧省，吉林省，黒竜江省）を指しており，満州国を構成している内モンゴル自治区や熱河省は含まれていない．

　日本の直轄統治地区である関東州の成人の中国語検定制度については触れているが，学校教育の内容は，教育担当政府部局の文書，発言に限定されている．加えて，先に述べたように (p.6)，関東州は「日本帝国直轄統治地区」であり，満州国ではない．満州国建国以前は，清国ある

---

[36] 竹中憲一:「『満州』における教育の基礎的研究」柏書房，2000年．
[37] ① 竹中憲一:「『満州』における中国語教育」柏書房，2004年．
　　② 磯田一雄，槻木瑞生，竹中憲一，金美花共編著:「在満日本人用教科書集成」柏書房，2000年．

いは，その後の中華民国から権益委譲を受けており，満州とは区分されていた．

3) 竹中氏の著書「『満州』における教育の基礎的研究」のp. 199に「稿本『初等支那語教科書』巻三より」として，教科書（稿本）の図が掲載されている（次ページ図）．

しかし，著者が入手した，満州国で使用されていた「初等支那語教科書　巻三」にはこのような図は掲載されていない[38]．また，稿本の図では，中国人の物売りと日本の軍隊の行進の図が掲載されており，頁の上に見えるのは注音符号である[39]．調査したところ，稿本の図は，1929（昭和4）年4月8日（初版発行）の「初等支那語教科書　巻三」[40]，南満州教育会教科書編纂部著作兼発行の「稿本」(pp. 13, 14)であり，満州国時代のものではないことが分かった．これは，中華民国時代に日本の直轄統治地区である関東州，あるいは中華民国東北部の満鉄沿線の日本人小学校で使用したものであり，「満州国」の小学校では使用していないものである．「満州国」の小学校で使用していた教科書は，1938（昭和13）年3月28日（初版発行）の『初等支那語教科書』巻三[41]在満日本教育会教科書編纂部著作兼発行のものであり，内容は全く異なっている．発音も注音符号ではなく，日本式仮名発音記号によるものである（添付図参照）．

また，竹中氏が引用している教科書には軍隊の行進の図があり，軍国調を強調している．教科書の内容については後で触れるが，満州国建国以後の教育は「日満融和」，「五族協和」，「共存共栄」を掲げており，教科書内容も，満州人を同郷の友人として礼儀正しく遇するものであった．竹中氏論文では，他の箇

---

38) 「初等支那語教科書　巻三」，南満州教育会教科書編纂部著作兼発行，1929年4月8日初版発行．

39) 竹中憲一：「『満州』における教育の基礎的研究」，柏書房，2000年，p. 199；「稿本『初等支那語教科書』巻三」，1938年3月28日初版発行，pp. 13, 14.

40) 「稿本『初等支那語教科書』巻三」，南満州教育会教科書編纂部著作兼発行，1929年4月8日初版発行．

41) 「稿本『初等支那語教科書』巻三」，在満日本教育会教科書編纂部著作兼発行，1938年3月28日初版発行．

中華民国時代の日本人用教科書
(発行は「南満州教育会」となっている.)

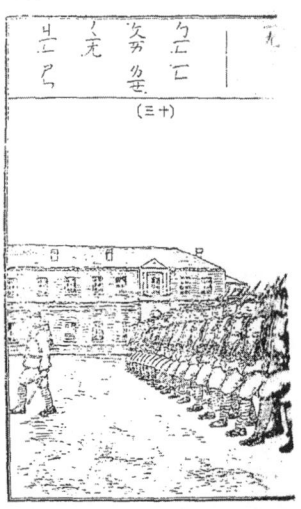

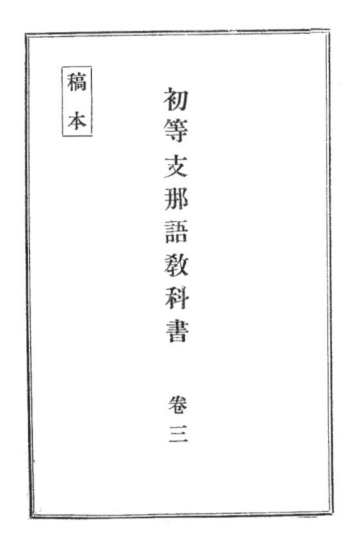

出典：稿本「初等支那語教科書　巻三」，南満州教育会教科書編纂部著作兼発行，1929年4月8日初版発行.

出典：「稿本『初等支那語教科書』巻三」，南満州教育会教科書編纂部著作兼発行，1929年4月8日初版発行.

4. 満州国建国以前の日本人に対する中国語教育　25

中華民国時代の日本人用教科書
(発行は「南満州教育会」となっている.)

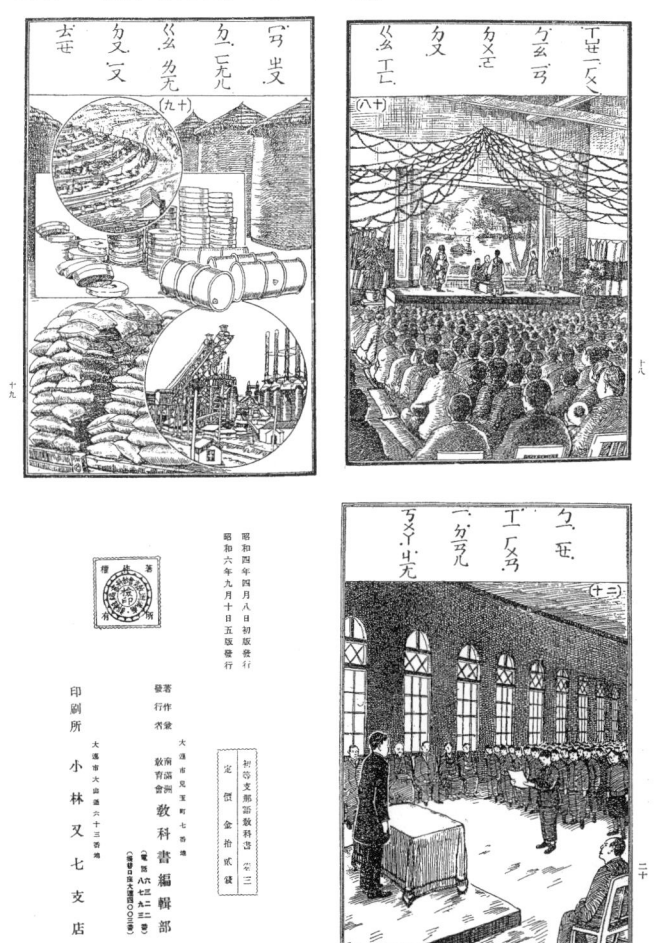

出典:「稿本『初等支那語教科書』巻三」, 南満州教育会教科書編纂部著作兼発行, 1929 年 4 月 8 日初版発行.

所では教科書を引用したところはなく,「稿本」と書かれており, そこに「注音符号」が入っている点, 軍隊の行進の図は当時の教科書とは異なっている. 「満州国」で日本人小学生が受けた教科内容ではない. この教科書の初版発行は 1929 年であり, 満州国建国以前である. 従って, 編纂部署名も「在満（満

満州国建国以後の日本人用教科書
（発行所は「在満」（筆者注：満州国にある）と明記されている．）

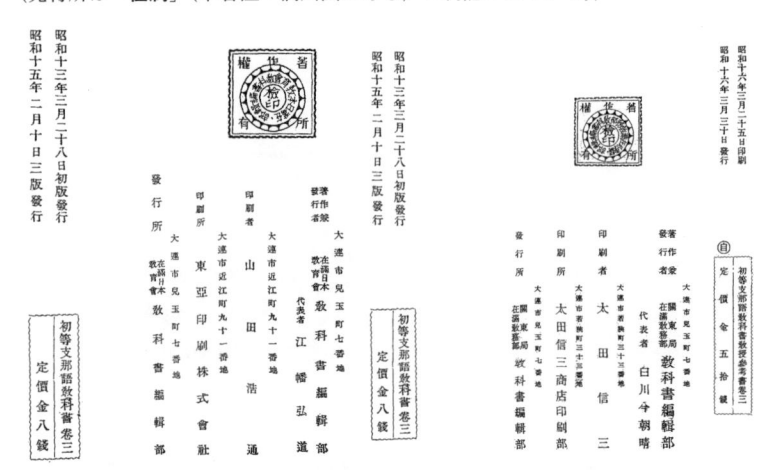

昭和十五年二月十日三版發行
昭和十三年三月二十八日初版發行
發行所　在満日本教育會教科書編輯部
印刷所　東亞印刷株式會社
大連市近江町九十一番地
代表者　江幡弘道
印刷者　山田　浩通
大連市近江町九十一番地
著作者　在満日本教育會教科書編輯部
大連市見玉町七番地
定價金八錢
初等支那語教科書　巻三

昭和十五年二月十日三版發行
昭和十三年三月二十八日初版發行
（権利印有）

昭和十六年三月三十日發行
昭和十六年三月二十五日印刷
發行所　關東局在満教務部教科書編輯部
大連市見玉町七番地
印刷所　太田信三商店印刷部
大連市春日町三十三番地
印刷者　太田信三
著作者　關東局在満教務部教科書編輯部
代表者　白川今朝晴
大連市見玉町七番地
定價金五拾錢
初等支那語教科書教授參考書　巻三
（印）

（権利印有）

出典：「初等支那語教科書　巻三」，在満日本教育会教科書編纂部著作兼発行，1938年3月28日初版発行；「初等支那語教科書教授参考書　巻三」，関東局在満教務部教科書編纂部著作兼発行，1941年3月25日印刷

州国にある）」ではなく，南満州（南満州地区にある）教育会となっている．

一方，満州国建国以後の教科書では「在満日本教育会」となっている．これは，「満州国に居住している日本人」という意味である．細部にわたる問題ではあるが，この件は，「領土」および「統治」，「侵略」，「植民地化」の観点とも関係があり重要である．

竹中氏の記述は，2000年に上梓されたもので，きわめて詳細であり，参考とすべきところが多いが，「満州」が「どこ」の「いつの時点」の地域であるか不明確な点がある．東三省（遼寧省，吉林省，黒竜江省）を指す場合が多いが，「満州国」では熱河省，内モンゴル自治区の東部が含まれている．また，満州国建国以前に，主として日本直轄統治地区である関東州は日本領であり，ここで使用されていた教科書を掲載して，「満州における教育」という標題をつけることには疑問をもたざるを得ない．

竹中氏が引用した教科書の表紙と奥付を参考までに示す．（前頁）満州国建国前後で明らかに異なっている．なお，在満日本教育会は，1941（昭和16）年3月に「関東局在満教務部」と名称が変更されている．

4. 満州国建国以前の日本人に対する中国語教育

李素楨氏学位論文：李氏は，その学位論文で，「かつて満州で行われた，社会人を対象とした語学検定は，日本人を対象とした語学検定の嚆矢である」としているが，児童・生徒の教育制度については何ら触れていない．当時の教科書も参照していない．

「成人を対象とした中国語検定制度」と「小・中学生に対する正課としての中国語教育」を比較するならば，正課の学校教育の授業の方が，語学教育としては，はるかに重要性は高いはずである．しかし，学校教育での中国語教育については，何ら触れられていない．その国の語学教育の基本は学校教育にある．成人教育の重要性を否定するものではないが，その国としての語学教育の基本は，あくまでも学校教育にある．一国家，民族の言葉，語学教育の根幹は，現在では学校教育にあることは自明である．成人教育も重要ではあるが，補助的手段である．「根幹」を論ぜずに「補助手段」を論じて，それがすべてであるような論旨には，その妥当性を疑問とせざるを得ない．

語学検定が行われた史実を明らかにする意義はあるが，それが今後の教育にどう生かされるのか，単に満州で日本人が中国語を勉強したという事実にとどまるのかも不明である．

また，しばしば，「植民者（支配者）が被植民者（被支配者）を支配しやすくするための道具」という表現が用いられている．しかし，教師用教授参考書にも記載されているように，実際に行われた中国語の学校教育とは著しく異なっている．

特に，語学の研究者の論文としては，正確性の面でも，その適切性の面でも疑問をもたざるを得ない．

以下，李氏の論文の中で首肯しがたく，かつ，真実を歪曲している点を引用する．

『筆者は，検定試験に関する散逸した資料を掘り起こし，旧「満州」における未公開資料を整理し研究することにより，日本植民地教育史上のいくつかの問題を解明すると同時に，また日本の近代中国語教育史上における空白を埋めることができると考えている．—中略— これらの（既出版の）著作はいずれも戦前，日本の中国語教育は中国侵略に奉仕した実用会

話主義の性格をもっていたと立論している．「明治以降における中国語は，昭和二〇（1945）年の日本敗戦を境に，その前と後では大きな違いがある．敗戦前の中国語は，明治以来の軍国主義的な国策に寄生する形で，日本の中国侵略に奉仕した実用会話主義の教育に終始した．そこには文化的内容を欠如した教育が行われた．この敗戦前の教育を反省するところから戦後の教育がなされた」と六角恒広は述べている．』[42), 43)]

ここで述べられている，「昭和二〇（1945）年の日本敗戦を境に，その前と後では大きな違いがある．」「実用会話主義の教育に終始した．」という点については，大きな疑問をもたざるを得ない．

後述のように，戦前の小・中学校における中国語教育の内容は充実しており，教師の質も高く，高度な研修の機会も与えられており，レベルも高かったと考えられる．これは後述の諸種の検証の結果でも明らかである．

むしろ，現在の中国語，ひいては語学教育のあり方にこそ危惧の念を抱くべきであると考える．

---

42) 李素楨：論文「旧『満州』における日本人を対象とした中国語検定試験の研究」2007年4月1日．

43) 筆者注：明治以降，中国の多くの政治家，文化人が，日本で学び，中国語の堪能な日本人が生活を支援した．

① 孫文はその自伝『建国方略』の中で，犬養毅，尾崎行雄，宮崎滔天ほか多くの人の名前を列挙して，深く感謝の意を表している．孫文の革命遂行のために，日本陸軍の佐々木到一が軍事顧問としてついていたが，軍事顧問との会話はもちろん中国語であった．宮崎滔天は個人的に孫文の活動を支援し，孫文没後も中国建国に関わった多くの人と親交を結んでいた．宮崎は，中華人民共和国成立後のメーデーには毛沢東，周恩来から招待され，天安門楼上に案内されている．

② 周恩来は，1917年日本に留学，1919年4月に帰国．日本滞在中の様子を記した『周恩来「十九歳の東京日記」』は正確で詳細な記録である．

③ 魯迅は仙台の内山書店に仮寓し援助を受けていた．現在，上海の魯迅記念館には内山書店の模型が展示されている．

④ 蔣介石も日本の陸軍で戦術を学んでいる．1907年来日し留学，1909年日本の陸軍に勤務．陸軍十三師団高田連隊の将校を1911年まで務めている．最近は，これらの歴史的事実を忘れ，あるいは無視している人が多いのは残念というほかない．また，戦後，いち早く日中友好条約が締結され，日中台間の微妙な問題を解決することができたのも，満州国時代に中国語に習熟したバイリンガルの日本人がいたからである．今後は，言葉の面からも，心情的にも，両国事情に精通した人がいなくなることが懸念される．

張静氏論文[44]：張静氏の調査・研究は，「旧満州の関東州租借地における日中児童への初等教育（1906-1931年）」というものである．この時期には未だ満州は建国されておらず，日本は関東州を清国（のちに中華民国）から租借していたのである．1906年から1931年の教育資料に限定されているが，この時期には「満州国」は存在していなかった．

筆者の本書での著述は満州国を対象とするものであり，関東州は対象としていないが，満州国との関係で2点，歴史的事実で重要な問題点があるので述べておきたい．

第一は，張氏の論文が対象としている1906年から1927年には満州国は存在していなかったという点である．

(1) 日露戦争の結果，遼東半島の租借権がロシアから日本に移譲され関東州は，1906年から1912年までは清国から日本への租借地となったのである．

(2) 1912年から1931年までは，関東州は「中華民国」から日本への租借地である．すなわち，地名，時代，権益について歴史的事実の認識が正しくない．

(3) 1932年以降は日本帝国「直轄領」となり，満州国から日本への租借地となった．

いずれの場合も，関東州は日本帝国「直轄領」である．

第二は，1931年まで，日本人が学習した小学校の教科書の発音は中華民国方式にならい「注音符号」で書かれたものであったが，満州国建国以後の日本人生徒が使用した教科書は「日本仮名」に符号をつけたものである．教科書内容もよく吟味されたものであり，中国満州人の生活理解に配慮されている．

上記の論文には，このような基本的な点で誤謬がある．

(2) 1930年代の中国における中国人小学初級学生用教科書「開明」国語課本（初版1932年，2010年第2次復刻）について

中国で1930年代に使用された古い小学生用教科書「開明」の復刻版では，

---

44) 張静：「旧満州の関東州租借地における日中児童への初等教育（1906-1931年）」早稲田大学比較文化学専攻，博士後期課程．

その序文として作者系，上海市小学語文教材，主編が書いている内容は，まさに，筆者が本書で論ずる主旨そのものである．

『歴史在新旧交替中向前発展，文化在伝承中不断更新．相信昔日的老課本会給我们的教育工作者以有益的启示，祝愿"上海図書館藏拂尘・老課本"在今天的孩子中找到自己的知音．』[45]
訳：『歴史は新旧交代の中で発展していく，文化は伝承の中で絶えず新しくなっていく．昔の古い教科書は私たち教育者に有益な啓示を与えてくれることを信じています．"上海図書館所蔵の掘り起こされた古い教科書"により，今の子供たちが求めるものに出会えることを願っています．』

---

45) 小学初級学生用教科書「開明国語課本」（上），作者系　上海市小学語文教材主編，上海科学技術文献出版社出版発行，初版 1932 年，2010 年 12 月第 2 次復刻印刷，p. 006．

5. 「満州国」建国以前の日本人小・中学生に対する中国語教育（1906-1931年）

5.1 中国東北部に在住した日本人子弟に対する教育目標

在満教務部関東局官房学務課は，1940年11月5日付で，次のような「教育目標」を発出している．5項目の目標のうち，第2項と第3項は，満州国に住むものにとって特徴的なことである．

以下に，その教育目標を引用する．

『教育目標
(1) 日本精神を涵養振作盡忠の赤誠に徹せしむるを以て教育の基本とする
(2) 満州国建設の精神を体得せしめ満州国構成分子たるの責務を遂行するの志操を涵養すべし
(3) 多民族より信頼を受くるに足る品位と実力とを涵養すべし
(4) 心身を鍛練し質実剛健の気象と緊忍不伐の実行力とを養成すべし
(5) 勤労愛好の性格を陶冶し大いに実用厚生の知識技能を啓培すべし』

このことは，当時，満州で教育をするもの，教育を受けるものの基本的な精神であったと思われる．特に，(3)は，日本人として恥ずかしくないように，ということであり，常に心掛けていなければならないことであった．日本内地にあってはあまり意識されないことではないか，と思われる．

5.2 日露戦争以後，満鉄付属地における日本人小・中学生に中国語教育を行った経緯と意義――日露戦争以後，満鉄付属地での中国語教育

日露戦争後，日本が統治権を有する満鉄付属地の小学校教育については，「関東局施政 30 年史」に次のように述べられている[46]．

> 『日露の戦雲漸く収まると共に邦人の海外発展の気勢頗る旺となり，志を満蒙に展べんとする者が一時に殺到した．之等の中には学齢児童を帯同する者多数を算し，従って満州各地に小学校の設立を見るに至った．』

中国東北部で生活するうえで，中国語は必須の要件であり，将来的に見ても小学生に対しては「緊切欠クヘカラサル」教科であると位置付け，各小学校が教科目に積極的に中国語を加設することを呼びかけた．当初（明治 40（1907）年 9 月）は居留民会によって各地に小学校が設立されたが，付属地の居留民会が廃止されるに伴い，小学校は全部満鉄の経営に移った．

満鉄初代総裁後藤新平は，学校教育の重要性を強調し，満鉄操業以来，沿線住民の教育に力を注いだ[47]．

「付属地小学校規則」では中国語を随意科目として配当することを定めたが，実際は中国語を課した小学校は，当初は少数であった．これは，中国語担当教員の確保が難しかったことによるものである．中国語を課した数少ない小学校の一つである公主嶺小学校[48]は中国語教育に熱心な学校であった[49]．1908年 4 月から尋常 5 年以上に中国語の授業が行われた．東京外語学校（現，東

---

46)「関当局施政 30 年史」，1936 年 10 月 1 日，p. 185．
47) 福田実：「満州奉天日本人史」，謙光社，1976 年，p. 122．
48) 川村一正：「清朝末期から『満州国』までの半生」（公主嶺時代）（私家本）『公主嶺時代：大正 12（1923）年に父一治は公主嶺に転勤になった．―中略―当時，また，ここでは，満鉄に対する並行線建設の問題がようやく解決し（筆者注：東清鉄道問題：奉天―長春間鉄道は，日露戦争の終結，合意後 18 年経た時点でも，実質的には，日本に権益が委譲されていなかったことの証左である），満鉄がそれを建設することになり枕木数万本が集められていた．』
49) 公主嶺小学校同窓会：「公主嶺小学校史」，1987 年，p. 51．

5. 「満州国」建国以前の日本人小・中学生に対する中国語教育（1906-1931 年）

京外国語大学）支那語科出身で，日露戦争の従軍通訳を務めたことのある小松光漁を嘱託教員として招き，中国語の授業を担当させた．

小学校の正規の授業の中に中国語が配当されたことは，植民地教育史・中国語教育歴史において注目すべきことであり，世界の植民地で現地の語学習得教育をこれほど重視した国はほかに例がない[50]．しかし，当時の満鉄付属地は「植民地」というにはほど遠い状況であった．日本は日露戦争の結果として，東清鉄道南部支線の一部とその付属地の権益のみをロシアから譲渡されたのであった．

清国東北部中央と北満州の鉄道路線は，日露戦争後も依然としてロシア（のち，ソ連）軍が駐留し，ロシアが管理していたのである．東清鉄道も，満州里からハルビン―綏芬河を経てウラジオストックに至る満州横断中東鉄道は，日露戦争後もロシア（のち，ソ連）が建設を進め，管理していた．

政治的には，満州（清国）東三省は張作霖が統治していた．東清鉄道南満州支線の一部（長春―大連間）の権益と関東州（大連―旅順）の統治権を有するのみで関東軍は関東州以外では未だ弱小であった．

上に述べた公主嶺小学校のあった公主嶺は，奉天と長春の間にある寒村で，1910-1920 年代に鉄道を守備・保守する日本人が住んでいた．寒村に住み，現地の中国人とともに鉄道を守備・保守する日本人に中国語を教え，清国（のち，中華民国）と共存共栄して鉄道を維持管理していかなければならなかった．これをもって植民地教育と解釈するのは表層的，ステレオタイプの考え方といわざるを得ない．

先に述べたように，満鉄は沿線住民の教育を重視し，1908 年 4 月に最初の小学校として，奉天尋常小学校を開校した（のちの，春日小学校）．満鉄は，日本人の小学校を建設しただけではなく，中国人子弟の初等教育にも力を入れ，1909 年蓋平を皮切りに沿線各地に公学堂と呼ばれる初等教育学校を新設している[51]．これは，民族融和，共存共栄の現れであると解釈するのが妥当と

---

[50] 竹中憲一：「『満州』における教育の基礎的研究」，柏書房，2000 年，p. 174.
[51] ① 福田実：「満州奉天日本人史」，謙光社，1976 年，p. 122.
② 満鉄地方部学務課：「満鉄教育沿革史」，1932 年，p. 907.
③ 荒川隆三：「満鉄教育回顧三十年史」1937 年，p. 150.
④ 豊田国夫：「民族と言語の問題」，錦正社，1964 年，p. 319（筆者注：北京語となった

考える．

　1912年2月，満鉄は尋常5年生以上に週2時間英語，または中国語を加設することを文部省に申請し，同年4月文部省の許可が下り，次のような通牒を出した[52]．

『英語，清語の一科目又は二科目を加え尋常小学校五学年以上及び高等小学校の児童に随意科目として之を課することを得其の二科目を加えたる場合に於いては児童に其の一科目を課するものとする．』

　すなわち，日露戦争後，満鉄設立直後から，付属地では日本人小学校における中国語教育が始まっていたのである．その中心となったのは，満鉄であった．

5.3　中国語教育の実施準備

(1)　当時の中国語教育の状況

　満鉄地方部学務課は，「満州」の中国語教育の現状調査を行い「大正十三年度沿線小学校ニ於ケル支那語学習情況調査報告」[53] をまとめた．

　「報告」では「支那語教授の方針」について，「満州」の方言音を教えるべきか北京語の標準音を教えるべきか議論があったが，「調査報告」は北京の標準語を教え，注音符号（字母）を採用すべきであるとしている．なお「満州国」建国以降は，「満州国」の標準音として首都である新京（長春）の方言を採用し，中華民国が作成した注音符号（字母）は廃し，独自の「日本語カナ式発音」を使用した[54]．発音方式については，後の章で詳述する．

(2)　学習開始年齢に関する検討

　満鉄沿線の小学校では，中国語教育開始の年齢について種々の議論があった

　　　　　が，現在の普通語と比較すると，東北地方独特の表現が多い．例「ㄦ」の多用など）．
　　⑤　満鉄地方部学務課：「満鉄教育沿革史」，1932年，p. 943.
　52)　満鉄地方部学務課：「満鉄教育沿革史」，1932年，p. 907.
　53)　荒川隆三：「満鉄教育回顧三十年史」1937年，p. 150.
　54)　豊田国夫：「民族と言語の問題」，錦正社，1964年，p. 319.

が，小学校間で必ずしも，一致した見解はなかった．前述の公主嶺小学校では1908年にすでに中国語の授業が行われていた．

満鉄は前記「報告書」の中で次のように述べている[55]．

『由来外国語ノ学習ハ年少子弟ノ時代ニ於テスルヲ最可トスルカ此ノ点カラモ支那語ハ学校時代ニ其ノ基礎ヲ置カネハナラヌ．』
『満州ニ於ケル第一外国語ヲ支那語テアルトシ之ヲ教授シテ充分ノ能率ヲ発揮スルニハ耳ト音トニ依ル学習ハ小学ノ幼年級ヨリ遊戯的ニ開始シ，稍正式ニハ尋四ヨリ教授スヘキコトトナル．―中略― 斯クテ前後四箇年間正式ニ学習セハ環境ノ之ニ応スル事情モアレハ普通ノ会話又ハ日用ヲ便スルニハ不都合ハナイテアラウ．―中略― 毎週教授時間数ハ普通教育ナルカ故ニ二時ヲ以テ満足スヘク或ハ之ヲ三十分授業トシテ毎週四時限トシテ隔日ニ練習セハ効果ハ大テアラウ．―後略― 』

と提案されている．

これらの提案は1925年に可決，実施されることとなった[56]．早期に第二外国語を習得，あるいはバイリンガル教育を受けることの弊害を説く意見もあるが，全く根拠がないものと考える．事実，幼児期，少年期を満州で過ごし，中学校4年（5年）まで中国語の教育を受けていた高名な人は多い．

満州で小学校教育を受け，中国語の勉強をしたために，日本語が日本内地で教育を受けた者と比較して劣っているなどということはあり得ない．むしろ，日本語に対する感受性を深める効果があった，ともいえる．

5.4 中国語教員の養成と養成方針

中国語を正課の授業とするためには教員，教科書，課程に関する準備が必要であった．特に教員の確保は難しく，

---

55) 満鉄地方部学務課：「満鉄教育沿革史」，1932年，p. 943.
56) 満鉄総裁室地方部残務整理委員会：「満鉄付属地経営沿革史（上）」，1939年，p. 384.

『現在教員中ニ中国語科ノ教授ヲ担当セシムヘキ適当ナル者ナク又他ニ適当ナル教員ヲ得ラレサル学校ニ在リテハ乃チ従前ノ例ニ依ルコト』

という但し書きが付されて通達されていた[57]．つまり，教員配置の条件が満たされない場合は随意科目と同じ扱いとしてもよいということである．

満鉄は1915年に満鉄教育研究所を設立し，教員不足を解消するために「内地」の各県に教員派遣を要請し，その要請にこたえて内地から教員が赴任した．新たに，これらの教師に対しては中国語，中国事情，中国地理，中国歴史，その他満蒙等における教育に必要な特殊教科などの研修を授けた．

すなわち，「支那語教授改善ニ関スル問題」に関する中国語奨励策は「第一ニ，支那語ノ必要」，「第二ニ，課スル程度」，「第三ニ，方法」の三つに分けて述べている[58]．

第一の「支那語ノ必要」については，満蒙開発の鍵は日本人が多数移住し，かつ永住して仕事をすることが必要であり，これら日本人が中国人と協力して仕事をするには

『支那人ノ言語ヲ理解シ使用スルコトカ最モ必要テアルト謂フコトナル．一般ニ母国人カ土着人ノ言語ヲ了解スルノカ植民地経営上切要テアル』

と述べている．中国語を習熟させるには

『小学校ノ教科目中ニ支那語ヲ加ヘテコレヲ強制スルニ勝ルコトハアルマイ』

とし，

『単ニ個々ノ教材ヲ満州的ニスル外ニ満州的ナ教科目ヲ置ク方カ更ニ根本的テ而モ徹底的テアルト謂ハレ得ル．此ノ点カラモ支那語ヲ課スル理由カ

---

57) 満鉄地方部学務課：「満鉄教育沿革史」，1932年，p. 955.
58) 同書，p. 308.

成立スル』

と述べている．

第二の中国語を「課スル程度」については，尋常小学校5, 6年より週2時間配当し，必須科目にすべきであるとしている．さらに，中国語は「国民教育上日常生活ニ必須ナル知識」として位置付ければ生徒の過重負担の問題も解消すると述べている．

第三の「方法」については，中国語教育を推進する鍵は教員の確保にあると述べ，その具体的方法として次の三点をあげている[59]．
一，教育研究所で日本人教員のための中国語の講習会を開催する．
二，公学堂・日語学堂（筆者注：現地中国人の学校）の中国人教員と小学校教員の相互交換をはかり授業を進める．
三，中国語教員養成のための北京留学制度を確立する．
としている．

5.5 満州国における統治と中国語教育
——日本と西欧との差

日本は，現地言語を重視し，中国人との交流を密接にするために，日本人には小学校4年生から中国語を正課の授業として課した．このことは，前に述べたように，イギリス，オランダ等，ヨーロッパ諸国の植民地政策と大きく異なっている．欧米植民地との相違および漢字の多用，その発音の相違などを考慮して，日本の文部省関係者からは中国東北部の日本人小学校における中国語教育に異論が多く出されていたとの記録がある[60]．

しかし，満鉄幹部は前述のように，中国語教育に非常に熱心であり，喫緊欠くべからざる「正課に準ずる科目」として中国語教育を推し進めた．これは，欧米の植民地が，「現地からの搾取」に重点を置いたのに対し，日本と満州の

---

59) 満鉄地方部学務課：「満鉄教育沿革史」，1932年．
60) 幣原坦：「満州観」，大阪宝文館，1916年，p.64（当時，国定教科書の漢字学習は，1,300字であったが，ほぼ同数の中国漢字と発音を学習することになる）．

関係は，中国東北部で鉄道および付属地におけるロシアの権益の譲渡を受けた時点から，中国（当時，清国）との「共存共栄」，「共同建設」の意図が強かったためと考えられる．

これは，満州国の建国以前，ソ連（旧ロシア）が満州地区の港湾，鉄道の権益を有していた時代の70年間に収奪と権益利用の政策をとっていた点と大きな差異である．

日本の中国語教育重視は，共存共栄の考え方によるものであり，これは歴史上にない政策であったということができる．共存共栄の考え方を推し進めた理由としては，教育の主体は満鉄であり，満鉄は鉄道路線の建設および保守に関して現地住民の協力が不可欠であったためと考えられる．

すなわち，

1) 1903年ロシアは東北部の東清鉄道および中東鉄道建設にロシア人約2万人を雇用して建設を開始し，しかも難航したといわれている．現地中国人作業員とのコミュニケーションが原因であったと考えられている．
2) 1929年には，鉄道問題を発端として中華民国（張学良の軍隊）とソ連軍が軍事衝突を起こした（奉ソ戦争あるいは中東路線事件，北京協議により終結）．
3) 満鉄幹部は，前者の轍を踏まないためにも，繰り返し中国語の教育の重要性を強調しており，共存共栄と初等教育からの中国語教育を重視していた．

p. 32, 注48) 川村一正の手記[61]には，『公主領時代：大正12（1923）年に父一治 —中略—，満鉄に対する並行路線建設の問題がようやく解決し，満鉄がそれを建設することになり』との記載がある．鉄道問題で，ソ連と中華民国は軍事衝突を起こし，満鉄は同様の問題を円滑に解決した典型的な例である．

---

61) 川村一正：「清朝末期から『満州国』までの半生」（公主嶺時代）（私家本），注48) 参照．

6. 満州国在住日本人小・中学生の教育に中国語を正課として導入した意義

6.1 教育開始時

　1925年1月満鉄小学校校長会議が開かれ，中国語を正課とすべしという提案が可決された[62]．

　満鉄はこの会議の提案を受けて，同年3月「『小学校ニ中国語科加設ノ件』通牒」を出し，中国語を「正課に準ず」とした[63]．

　1925年以降，中国語は満鉄付属地の小学校において正課に加えられることになった．これは，日本の公的初等教育機関において中国語（語学）が正課として配当された嚆矢である．

　これ以降，満州の日本人小学校における正課としての中国語教育が始まり，1945年の終戦まで続いたのである．週4時間まで中国語を課すことができるということは，小学校の配当時間上，国語に次ぐ時間数になり，中国語教育の比重がきわめて高かったことを示している[64],[65]．

6.2 日本人小・中学生が中国語を学んだ意義

　戦後，国民党政権から共産党政権に移行した混乱はあったが，日中平和友好条約締結後，日中間の民間交流が迅速かつ円滑に進んだのは，多くの日本人が満州で中国語に親しんでいたことがプラスに働いたと考えられる．

　言葉は，単なる道具ではなく，心と心をつなぐ信頼関係の基礎である．語学

---

62) 南満州教育会：「南満教育」，1925年2月，p. 81.
63) 満鉄総裁室地方部残務整理委員会：「満鉄付属地経営沿革史（上）」，1939年，p. 385.
64) 竹中憲一：「『満州』における教育の基礎的研究」柏書房，2000年，p. 199.
65) 竹中憲一：「『満州』における中国語教育」柏書房，2004年，pp. 127-128.

は道具ではなく若いときに，その言葉を通して，その国を理解し，人と人とのコミュニケーションを円滑にするためのものである．

現在は，福澤諭吉の提唱した脱亜入欧の時代ではない．足掛け3世紀にわたって，10年一日のごとき語学教育をしている時代ではない．

若いときに中国語を学んだ世代がいなくなった現在，日中関係の改善，発展のためには中国語教育の問題がますます重要となる．今後は，高校から中国語教育を行い，日本の一流大学よりも上位にある中国の大学に留学する人材を育成することが必要である．

語学教育は国の要である．第二次世界大戦後，日本の再建のために，多くの英語に堪能な人が努力した実績を見れば明らかである．

参 考
(1) 満鉄総裁の権限と満州

満鉄総裁後藤新平は関東都督の監督下にあったが，同時に関東都督府顧問を務めることを政府に認めさせた．その上で，満鉄は「一商事会社ニアラス一営利会社ニアラス乃チ国家的ノ目的ヲ有スルモノ」であるという認識に立ち，満鉄が「満州」経営に対して独自の権限をもつことを主張していた．

満鉄総裁は「都督府顧問」の地位にあり，「関東都督府行政の一切を与り聴く」権限を有しており[66]，満鉄付属地の教育事業について，関東都督の認可を得る必要はなかったからである．

満鉄付属地の教育事業は満鉄総裁にその権限があるとしていた．満鉄総裁の権限は設置・廃合だけでなく，教員の任免，教科目の設置，教科書の採定，休業日の設定などに及んでいた．

(2) 義務教育制度の不採用

「付属地小学校規則」には「内地」の「小学校令」に定められた義務教育規定がなく，「就学セシムヘキ児童ノ入学期日及学校名ヲ毎年二月十日迄ニ其ノ保護者ニ通知スヘシ」（第十九条）という規定になっているのも当然といえる．

---

66) 満史会：「満州開発40年史」，満州開発40年史刊行会，1964年，p. 189.

6.3　内堀経文（当時奉天中学校校長）の日中共学論 ——満州国在住日本人の中国語教育開始前夜

　満州国の建国以前から，奉天中学校校長を務めていた内堀経文は中国東北部において，日本人が現地の人と融和することの重要性を説いている．内堀は，中国人教育に長い間携わってきた教育的信念をもっており，奉天中学校で中国語が正課の授業となったとき，その意義を次のように述べている．

> 『日本人が満州で働くには満州の人と物とに通ずることを必要とする．満州の人と物とに通ずるには，机上の知識は遂に何の権威もあり得ぬ．直接其の人と接するに非ずんば，殊に感情の動物たる人間．幼少より同じ校舎で起居を共にして親しみを増す所以である．』[67]

　また，奉天二十年史刊行会編『奉天二十年史』（1926年）は，内堀の日中共学論を支持し，奉天中学校創設の趣旨について次のように述べている．ここで注目しなければならないのは，「満州国建国以前」の日中共存共栄，特に中国東北部との共存共栄を目指していたことである．

> 『夫れ支那との共存共栄は我が帝国の国策である．而してこれが実現は両国民の真の理解に待たなければならぬ．されば本校に於ては特に国際的教養に留意し，偏狭なる愛国心を去りて，よく他の長を取り以て彼我の意思を疎通し，感情を融和し，南満中学堂（奉天の同じ敷地に設置されている中国人中学校）と共に両国親善の楔子たらしめんことを期し，支那語の一科を加へたるの意，亦此に在るのである．』[68]

　上記の文章は，満州国の建国以前，張作霖が存命中のことである．すなわち，日露戦争後，南満州でロシアを駆逐し，隣国中国と共存共栄の関係を樹立しなければならないと日本は思っていた．この思想は，後年までも維持され

---

67)　内堀経文遺稿並伝刊行会：「内堀経文遺稿並伝」，1934年，p. 810.
68)　奉天二十年史刊行会編：「奉天二十年史」，1926年，p. 343.

小・中学校教育にも生かされ，中国語教師養成にも生かされていたのである．

7.
正課としての中国語教育の発足

7.1 中国語教員養成の実績と教員の手記[69]

　中国語専任教員の養成が特に重要であり，養成に力を入れてきたことは6章で述べたとおりである．満州国の建国以後，中国語担当教師として研修を受けた人の履歴および手記を以下に引用する．これら例は，筆者が在籍していた小学校での一例にすぎないが，いかに教員養成に注力されていたかが分かる．

(1) 奉天平安小学校の例
　小学校の同窓会を通して，また，同郷の先輩で知己を得ている方々のお名前と中国語学習の経緯を以下に記す．
1) 小川倉一氏：奉天の高千穂小学校に2年半勤務後，平安小学校に勤務．昭和15 (1940) 年，奉天の支那語教員養成所研修会を修了．その後，平安小学校に在籍のまま，北京大学法学院に語学留学．
2) 龍神新一氏：昭和14〜15 (1939〜1940) 年，平安小学校勤務．その後，北京大学法学院に語学留学．
3) 高野瀬キミ氏：宮崎女子師範卒業．奉天平安小学校に勤務．奉天の支那語教員養成所研修会で中国語研修．

以上3人は，同じ時期に奉天平安小学校で中国語の研修を受けていた．

---

69) ① 「奉天平安小学校同窓会誌『平安の名に誉れあれ』，奉天平安小学校「わかくさ会事務局発行」，1985年11月2日．
　　② 大野君子：「びわの実の熟れるころ」平和の礎，第7巻，総務省委託資料，2013年，pp. 190-204.

(2) 中国人小学校で教師となった例

大野小三郎氏：岐阜県師範学校卒業後，岐阜県北方小学校勤務後，満州国関東州瓦州房店公学堂（中国人小学校）勤務を希望し，ここで中国語，中国事情について研鑽し，さらに北京大学に留学．その後，撫順高等女学校，奉天一中で中国語を担当．戦後，シベリア抑留，帰還後，岐阜県で教職に就き，各中学校長を歴任．退職後，日中国交回復後は，日中友好事業に貢献した．

(3) 平安小学校教員で，小学校在籍のまま北京大学に留学した小川倉一氏の手記[70]

『満州国奉天市の"支那語教員養成所"の研修会を終了して，平安小学校に赴任したのが，昭和十五年の初秋．それ以前，私は平安小学校の分身である，高千穂小学校に1年半ほど勤めていた．―中略― 邦人の誰しもが建設の意気に燃え，先生方も全身全霊を子弟教育にぶちまけた．中国語教師仲間では，こんな歌をよくうたっていた．

  万象更新又転陽　　満州好地方
  拍拍手児来来来　　遍地黄金蔵
  你也喜来我也喜　　吃穿無愁您
  来来太平郷

訳：新しい天地が生まれた　　満州良いとこ
  拍手でお迎え　　何処へ行っても黄金の山よ
  あなた喜びゃ　　私もうれし　　何の憂いがあるものか
  おいでおいでよ太平郷

  ―中略― 後年，（同僚の）龍神さんと私は北京大学の法学院に留学，ずっとご一緒した．―中略―（高野瀬先生[71]は）背がすらっと高く，近代的

---

70) 「奉天平安小学校同窓会誌『平安の名に誉れあれ』」，奉天平安小学校「わかくさ会事務局発行」，1985年11月2日，pp. 13-18．

71) 筆者注：終戦直前，北京大学を卒業した小川倉一先生は一時，中国で軍役に服することとなった．復員後，小川先生は高野瀬先生の消息を訪ね出身母校を中心に宮崎県内を尋ね歩き，高野瀬先生が1946年満州からの引揚船の中で病死されたことを知った．

な丸顔で，髪を長くし，うしろの方でカールしているのが印象的だった．宮崎女子師範出のおっとりした才媛．適齢期クラスはみんな目をつけていたが，彼女は一向に見むきもしない．私も心ひそかに想いを寄せてはいたが，彼女自身が中国語の勉強中ではあったし，あまり言葉を交わさないようにしていた．』

すでに，奉天の平安小学校には数人の中国語担当教員が在籍していたが，さらに上記のように，3人の教員に中国語を勉学させ，うち，2人は平安小学校に在籍のまま，北京大学に留学した（3年間北京大学に在学）．

満州奉天で，同じ小学校に3人の中国語研修教員がいた，ということは，全満州では相当数の中国語研修教員がいたということになる．平安小学校には，すでに，中国語の堪能な先生が数名おられ，我々は，それらの中国語を専攻された先生（クラス担任以外の先生）から中国語を習った．

7.2 小学校卒業生の例

満州の小学校卒業生は，全員が中国語を学び，中国語を習得しているはずであるが，戦後しばらく国交がなかったため，中国語を生かせる職業についた人は少ない．機会の少ない中で，文化大革命前後の混乱期に日中交流・相互理解に貢献した人もいる．日中国交回復直後，活躍した人はほとんどが，旧満州で中国語教育を受けた人であった．日中平和友好条約締結の陰には，戦前に中国語教育を受けた多くの人の努力があったのである．これらの人は完全な日中語バイリンガルであった．

(1) 豊原兼一氏（第二回平安小学校卒業生，1936年，初代平安小学校同窓会長）[72]

1960年代にNHK戦後の初代中国支局長となり，文化大革命の開始，1966

---

72) 「奉天平安小学校同窓会誌『平安の名に誉れあれ』，奉天平安小学校「わかくさ会事務局発行」，1985年11月2日，p. 10.

年の第一回紅衛兵大会をレポート．その後，1977年に再びNHK支局長として中国に赴任．当時少なかった中国事情の報道に努めた．当時の日本は，中国事情については，専ら，NHKの豊原氏の報道に頼っていた．1945年以降，日中国交回復までの間の中国に関する情報は豊原氏に依存していたといっても過言ではない．

　そのほかにも，満州の小・中学校で中国語を履修し，帰国後，中国語を専攻し，国交回復後，業務，文化交流に尽くした卒業生は数多い．

(2) 満州で生まれ，満州の小・中学校で中国語を学習した一日本人の手記

　南満州鉄道設立（1906年）以後は，満州での仕事が増え，一方，天津で義和団の乱（1900年）に関係した後裔の多くが，天津を離れ満州に移り住むようになった．特に，封禁の地として漢民族が受け入れられなかった中国東北部に，天津からの出稼ぎ労働者（天津苦力）も多くなり，山東方言が満州で多く使われるようになった．1930年代後半のことである．

　この時期に，満州で生まれ，小・中学校教育を満州で受け，満州で普通の中国語の学校教育を受けた，中国語を専門としない一日本人の手記を引用する．

『偶々ハルビンから奉天まで南下する二等車中で前に座った品の良い親娘に言葉をかけたところ，暫く驚いた様子でまじまじと見ている．どうかしたのかと尋ねると「満州に来て30年，初めて北京語を聞きましたが，何時北京からおいでになりましたか」と逆に尋ねられた．それほど満州は山東人の世になっていたのである．』[73)]

　これは，山東方言と北京語のことをいっているのであるが，一方，現地で小・中学校教育を受けた普通の日本人の中国語が，正しい北京語であり，中国人並みにコミュニケーションできたことを物語っている例である．

---

73) 川村一正：「大陸に生れ，大陸に育った『或る男の生涯』」「平和の礎 IV」，平和記念展示資料館（総務省委託資料），2013年，pp. 230-252.

(3) 平安小学校卒業生の中国語授業の経験

　筆者が在学していた満州の小学校の同窓会関西幹事会が1年に数回大阪で開催される．出席者は，78歳以上90歳に近いが，皆元気である．この席で小学校での中国語の授業について聞いてみたところ，出席者十数名全員が中国語の授業のことをよく記憶しており，その教科書の文章のいくつかを記憶していて，すらすらと声に出す人もいた．

　『第一課：你来，我去，他来不来，他不来，你去不去，我不去
　　第二課：来了吗，来了，走了吗，走了，快走，慢走』

　中国人の先生が一人いた時期，講習を受け，試験に合格した日本人の先生が担当した時期等があったようだった．
　話が弾み，そのうちに参加者全員が満州国の国歌を中国語で歌うことになった．皆で合唱した．よく覚えており，発音もほぼ正しいと思われた．歌詞そのものは，現在では問題もあると思われるが，当時，その地に住む人の生活が安定しており，満州で生活することを望む中国人が増えたのは，統計の示すとおりである．

　　　　　満州国国歌[74]
　　天地内有了新満洲　　新満洲便是新天地
　　頂天立地無苦無憂　　造成我國家
　　只有親愛並無怨仇　　人民三千萬人民三千萬
　　縱加十倍也得自由　　重仁義尚禮讓
　　使我身修　　　　　　家已齊國已治
　　此外何求　　　　　　近之則與世界同化
　　遠之則與天地同流
訳：天地の中に新しい満州ができた　　新満州はすなわち新天地である
　　天を戴き地に立ち　　苦しみも憂いもない

---

74) 鄭孝胥作詩，高津敏・村岡楽童賀作曲（満州国文教部選），1933年2月24日に制定．

ここに我が国家を建つ　　ただ親愛の心があるのみ　　怨みは少しもない
人民は3千万あり　　人民は3千万あり
もし10倍に増えても，　自由を得るだろう
仁義を重んじ，　　礼儀を貴び
我が身を修養しよう　　家庭はすでに整い国家もすでに治まった
他に何を求めることがあろうか
近くにあっては　　世界と同化し
遠くにあっては　　天地と同流しよう

　奉天の小学校は環境が整っており，先生も皆教育熱心だった．奉天の千代田小学校の卒業生には，元日本銀行の総裁の三重野康氏，作家の安倍公房氏，女優の李香蘭女史が同級生で同じクラスに在籍していた．

(4)　満州の日本人小学校と満鉄のつながりの例
　満鉄が日本人小学校の教育方針と運営に主体的に関与し，非常に熱心であったことは，前に述べたとおりである．このことは，小学校の校章にもよく現れている．小学校の校章，校旗のマークは，桜の花を型どった中央に満鉄のマー

クを書いたものである（Fig. 5 参照）．校章，校旗を見ても，満鉄が小学校教育の中心であったことがよく分かる．

7.3　日満共存共栄の考え方―当時の教科書(1)

　日本人中学校用正課としての支那語教本「中等支那語教本　巻五」，「第一課『研究語学』」から引用：前記，内堀は一中学校長であり，当時の中学校の教科書を定める関東局を動かすほどの力があったとは思えないが，教科の内容は驚くほど一致している．

　一例として，以下に中学校五年生の教科書第一課の内容を引用する[75]．

第一課　研究語學

日本和滿洲國同在東亞痛癢相關彼此邦

交應該有像弟兄一樣的那麽親密纔好

在我想兩國往來交際第一是彼此通曉言語

俗不能盡知就連朋友們交接往來彼此的政治風

是最要緊的若是言語不通不但兩國的情意

可又從那兒聯絡起來假使當中有人給繙話可

這麽看起來兩國人互相研究言語實在是當

以各表其意究竟比那直接交談總差多了

務之急

元來學話是一種最不容易的事情所以你們

學話要打算往好裏學決不可怕難嫌累總得

天天兒練習時時刻刻兒的用功或是念書或是

談話若是遇著難懂的語句就馬上請別人指教

或是自己打開字典查一查

還有一層要緊的事就是說話的時候不要害

臊越害臊越不能說若是有人笑你別管他

你自己不斷的有這個精神多說多念沒有學不

成的

訳：『日本と満州国は同じアジアにあり，双方は共に同じ苦しみを感じる兄弟のような親密な国交関係を保たねばならない．私が思うに，両国の交流は

---

75)「中等支那語教本　巻五」,「第一課『研究語学』」,「研究語学」昭和15年（1940年）4月, 在満日本教育会　教科書編纂部発行, pp. 1-2.

互いに言語の精通が最も重要なことである．もしも言葉が通じないと，両国の政治や風習などを知り尽くせないことのみならず，友達との付き合いでも，気持ちや友情を深めていくことさえどうやって伝えることができるのであろうか．仮に誰か意味を翻訳してくれる人がいるとしても，結局直接会話をするよりずっと劣るだろう．こう見ると，両国民は互いに言語研究をすることが実に当面の急務である．言葉を学ぶのはもともと容易なことではない，だから貴方たちはしっかりマスターできるまで勉強をしなければならない．決して難しいことを恐れず，疲れをいとわず，日々練習し，常々努力し，本を読む，会話をすること．もし分かりにくい語句があれば，すぐ人に教えてもらうあるいは辞書で調べること．さらに重要なことは話しをするとき，恥かしがってはいけない，恥かしがるほど話せなくなる．もし誰かに笑われたとしても気にしない．貴方自身がたえずこの精神を持ち続ければ成功しないわけがないだろう．』

　上記にあるように，中国語，あるいは日本と旧満州の問題に限らず，「語学習得」で強調されるべきは，反復練習することである．また，学習の目的は，広く国際社会において国々が相互に協調し，共存共栄を図ることであると述べている点である．
　「満州と日本との関係」は一般に，植民地といわれるようなものではなく，日本人と中国東北部在住の中国人との融和，日本人には中国語を，中国東北部在住の中国人には日本語を学習させる，という相互対等関係があり，いわば，この地域でバイリンガル教育が進んでいたのである．

7.4　日満共存共栄の考え方—当時の教科書(2)　　孫文の思想「大亜州主義」の考え方の紹介

　さらに，同じ日本人中学校用正課としての支那語教本（「中等支那語教本巻五」）に孫文の文章が収載されているので引用する．
　1940年といえば，日中戦争のさ中，太平洋戦争開始の前年に当たり，この時期に，このような孫文の文章を引用して，日本人中学生に対する中国語教育

7. 正課としての中国語教育の発足

が行われていたという「歴史的事実」は特筆すべきことである．

　巻五，（中国語学習の意義）第四十課から，孫文の文章を引用する．ここでも，日本と中国東北部在住中国人との共存共栄が孫文の大亜州主義を引用して語られているのである．

　孫文の思想は，「我々（中国）は日本と協力して平和な文明社会の実現に向けて進まなければならない」と説かれている．

　孫文が現在，中国においても台湾においても尊敬されているのと同じ主旨である．中国においても台湾においても，世界観，理想主義と偉業のゆえに，革命の父，建国の父，国父として尊敬されている所以である[76],[77]．

第四十課　大亞洲主義

孫文是近世中國的大政治家　他提倡中日兩國的提携請求日本的幫助想要建設美滿的中華民國　他有一次到日本神戸對日本朝野名士講演過他所主張的大亞洲主義　現在把他講的意思簡單說一說

亞洲是最古文化的發祥地　在幾千年以前我們亞洲人便已經得到了很高的文化　雖說是現在歐洲的物質文明進步強盛起來　然而討究那種新文化的來源便可以知道都是由於我們亞洲的老文化發生出來的

到近幾百年以來我們亞洲各民族和各國家漸漸兒的衰弱　歐洲各國却是強盛起來了　他們的勢力便漸漸兒的侵入東洋壓迫我們亞洲各民族和各國家　一直到五十年以前我們亞洲全都可以說是成了歐洲的殖民地　我們亞洲民族的思想也是以爲歐洲的文化那樣進步科學也那樣發達兵力也很強盛　所以亞洲一定不能抵抗歐洲一定不能脱離他們的壓迫這

---

76)　「中等支那語教本　巻五」，「大亞州主義」在満日本教育会　教科書編纂部発行，昭和15（1940）年，pp. 92-97.

77)　① 嵯峨隆：「孫文の訪日と『大アジア主義』講演について―長崎，神戸での言説を中心に―」，国際関係・比較文化研究，第5巻，第1号，2006年，pp. 103-117.
　　② 嵯峨隆：「孫文のアジア主義と日本」法学研究（慶応義塾大学），第79巻第4号，2006年．

是一種很悲觀的思想了　一種有益於正義和人道呢　那不用說是王道的文化是利於世界的光明了　我們提倡亞洲民族的提攜要造成大亞洲主義應該用甚麼做基礎呢　就應該用我們固有的仁義道德做大亞洲主義的基礎　另外邊要學歐洲的科學振興工業以圖富強改良武器以資自衛　現在日本科學方面是極其發達也不必靠歐洲人　就拿日本做榜樣受日本的指導就行了

我們亞洲人數通共有九萬萬人如果這些亞洲民族聯合起來那怕四萬萬的歐洲人呢　一定是有勝無敗的

我們就這麼先要收回我們的權力恢復亞洲民族的地位然後再去感化全世界的人建設明朗樂土的世界」

亞洲的衰弱像那麼到極點的時候便發生出來一個轉機　是甚麼呢就是日本廢除了和外國所立的一些不平等條約　這可以說是亞洲復興的起點了　再過十年日俄一戰日本便戰勝俄國了　這時候我們亞洲人全部的民族便驚天喜地發生出一個極大的希望　是怎麼綠故呢　我們亞洲人拿著日本打敗俄國當作東方民族打敗西方民族的東縛不做歐洲人的殖民地了　從此以後亞洲的各民族便發出獨立運動的思想　可以照樣脫離歐洲人原來的精神　了

我們是原有比他們高的文化　何故做他們的奴隸呢　亞洲全部的民族若聯絡起來抵抗他們這些獨立運動足可以成功了

在亞洲東部最大的民族是中國和日本　中國同日本就是這種運動的原動力了　所以中日兩國早些應當要提攜努力東亞的復興才好

再看歐洲的物質文明是注重強權壓迫弱小民族這可以說是霸道的文化　但是我們東洋人輕視霸道文化注重仁義道德拿他來感化人　這就叫王道文化　拿這霸道的文化和王道的文化比較起來說究竟是那

訳：『孫文は近世中国の大政治家である．彼は中日両国の提携を呼び掛け，日本の援助によって，素晴らしい円満な中華民国を建設することを求めた．彼は日本の神戸で朝野の名士たちに講演をし，「大アジア主義」の考え方について述べた．ここでは，彼の講演内容を簡単に紹介する．

　アジアは最も古い文化の発祥地である．数千年以前において我々アジア人はすでにきわめて高い文化をもっていた．現在は欧州の物質文明の進歩が盛んになってきているとはいえ，その種々の新しい文化の源を探れば，いずれも我々アジアの古い文化から生まれたのだということが分かるだろう．

　この数百年来，我がアジア諸民族と国家は次第に衰弱してしまい，欧州各国は漸次強大になってきたのである．彼らの勢力は徐々に東洋に侵入し，アジア諸民族と国家を圧制するほどの勢いになってきた．

　この50年，我がアジアのすべてが欧州の植民地となったといってもよいほどだ．我々アジア民族の思想は，欧州文化の進歩，科学の発展，兵力の強大さに対して抵抗できず，その圧迫から離脱できないのだとさえ思っていた．それは，ある種の非常に悲観的な考え方になっていた．

　アジアは一度極限まで衰弱したことによって転機が生まれたのである．それは何なのか．これは，日本が外国と締結したいくつかの不平等条約を廃したことである．これがアジア復興の起点となったともいえるだろう．今から10年前，日露戦争で日本がロシアに勝った．この勝利こそ我々すべてのアジア人が大いに歓喜し，きわめて大きな希望を抱くに至ったのである．これはいったいどういう意味をもつのか．日本がロシアを破ったことを，我々東洋人が西洋人を打ち破ったとみなすことができるのだ．アジアの本質的な精神をもつようにすれば，欧州人の束縛から離脱でき，欧州の植民地にならないのだと目覚めさせたのだ．それ以後，アジアの独立運動の思想が生まれてきたのである．

　アジアは元々彼らより高い文化をもっているのになぜ彼らの奴隷にならねばならないのか．もし，全アジア民族が団結し，彼らに抵抗すれば，こういう独立運動は必ず成功するであろう．

　アジア東部の最大の民族は中国と日本であり，中国と日本がその独立運

動の原動力である．したがって，中日両国が協力して，早く東アジアの復興に協力し，努力し合うべきである．

　また，欧州の物質文明は強権を主張し，弱小民族を圧迫する，覇道文化である．しかし我々東洋人は覇道文化を軽蔑し，仁義道徳を重視し，それをもって人を感化する，それが王道文化というものである．

　この覇道文化と王道文化を比較すると，いったいどちらが正義と人道なのか．いうまでもなく王道文化が世界の未来に光明をもたらすものである．

　我々が提唱している大アジア主義はいったいどういうものに基づくべきなのか．これは我々固有の仁義道徳をもってアジア民族が提携することを基礎とするものである．そのほかに，我々は欧州の科学を学び，工業の振興で強くなるため，武器の改良で自衛しなければならない．現在，日本は科学技術の面では欧州に頼らず，きわめて発達している．我々は日本をモデルに，その指導を受けるだけで良いのである．

　もし我々9億のアジア人が団結すれば4億の欧州人を恐れるはずがなく，必ず勝ち続けていくことであろう．

　我々は平和な世界を築いていくため，まず自分の権力を取り戻し，アジア民族の地位を回復し，それから全世界の人に感化していき，明朗で楽しい世界を建設するのである．』

　この孫文の「大亜州主義」の内容および先の「研究語学」の内容（「中等支那語教本　巻五」，昭和15（1940）年）は，クリスティー著「奉天三十年」の訳者である矢内原忠雄が，訳者序文の中で述べている以下の内容と，その主旨において同じである．すなわち，民族融和，共存共栄の考え方である．

『満州及び支那問題の解決，即ち東洋平和の永久的基礎は，満州人及び支那人の人心を得ることでなければならない。而してそれは国家としての愛撫政策を以っては足りない。況んや国家を背景とする公私の利得行為を以っては達し得られない。人間としての無私純愛の生活態度を以って，彼等のために深く，且つ長く奉仕する個人こそ，東洋平和の人柱であり，その如き人間をば満州及び支那に供給することこそ，日本国民の名誉でなけれ

7. 正課としての中国語教育の発足　55

ばならない。』[78]

　1930年代末に矢内原は東大教授の立場を追われた．孫文も欧米に対抗し中国が真に独立するためには，日本に見習い援助を必要としながらも，日本のその後の対中政策に対しては厳しい見方をしていた．ただし，上にあげた日本人中等学校の教科書は1945年の終戦時まで使用されていたことは特筆すべきことであると考える．

　日本の中学生用の教科書に載った孫文の論文とは全く別に，同時期（1932年）に中国においても，上海で制定された中国の小学生用の「開明」という国語の教科書に孫文の故事が3編掲載されており，40刷に及んでいる[79]．

　教科書「開明」の上巻138課に「孫中山先生故事」という文，下巻第9課に「孫中山先生和農民」という文，下巻第52課に「孫中山先生倫敦遇難」という文がある．第52課の第一頁のみを以下にあげる．

第52课　孙中山先生伦敦遇难

　　孙中山先生一生，遇到过各种的危难。他不怕什么危难，勇敢地干他的革命工作，四十年如一日，直到他逝世。民国前十五年，他在英国伦敦街上走路，忽然有一个同国人把他叫住，说彼此同乡，请他一同去喝茶。正在交谈的当儿，后面又来了两个同国人，把他推推挽挽，带到一所房子里。这是满清的公使馆，那三个人就是公使馆里的"密探"。原来干革命工作，打算推翻政府的人叫做"政治犯"，政治犯在别国照例是不能逮捕的。当时孙中山先生就是政治犯，所以满清的公使馆要逮捕他，只能用诱骗的手段。孙中山先生被关在一间房子里，

—以下略—

訳：『孫中山先生の一生は，危難の連続であった．彼はどんな危難も恐れることなく，40年間一日の如く，死ぬまで勇敢に革命活動を行ってきた．中華民国になる15年前，英国のロンドンの街を歩いていて，一人の中国人

---

78) クリスティー：「奉天三十年（上）」，矢内原忠雄訳，岩波新書，1938年，p. 4（原題："Thirty Years in Moukden, 1883-1913", "being the experiences and recollections of Dugald Christie", edited by his wife, London, 1914）．

79) 小学初級学生用教科書「開明国語課本（上），（下）」作者系　上海市小学語文教材主編，上海科学技術文献出版社出版発行，初版1932年，復刻版2005年，2010年第2次復刻印刷，p. 113．上下2冊，上178課，下86課からなる．

に呼び止められた．彼は同郷の人であり，お茶を飲もうと誘われた．歓談
しているときに，また二人の同郷の人が現れ，彼をある部屋に案内した．
それは満清公使館であり，其の三人は公使館の「密探（スパイ）」であっ
た．もともと革命活動をしており，政府を覆す活動をしている政治犯であ
った．政治犯は外国におれば，逮捕されないのであった．当時，孫中山先
生も政治犯であった．満清公使館も彼をおびき寄せて逮捕するしかなか
った．孫中山先生は一つの部屋に住まわされた．─以下略─　』

　1930年代に，満州国在住日本人用の教科書と上海の中国人用の教科書に，
歴史上の人物として唯一人，孫文が取り上げられているのは，単なる偶然では
なく，両国が共通した国際的な価値観をもっていたことを意味している．
　この文章が書かれた時期は，中華民国建国以前，清朝の末期であり，当時の
国際的・社会的状況を考えると，在ロンドン「清国公使館」として機能してい
たことが分かる．

7.5　満州国在住日本人小学校の正課としての教科書について

7.5.1　中国語のレベルと教え方

(1)　支那語の単字音数

　当時，使用されていた教師用「初等支那語教科書教授参考書」[80)]によれば，
支那語単字音数をいかなるレベルとするか，について種々議論があったことが
記載されている．すなわち，

　　『単字音数：
　　支那語の単字音数に対する学者の見解は区々であって，少ないものは387
　　音，多いものは1045音に及んでいる．従来は402音を大体の標準とし
　　たが，中華民国教育部公布の「国音常用字彙」（民国21年5月教育部

---

80) 「初等支那語教科書教授参考書　巻一，二，三」関東局在満教務部教科書編纂部，1941年．

国語統一箋備委員会編，商務印書館発行）は，411 を標準にした．藤木敦實，麻喜正吾両氏共編著の「綜合支那語発音字典」は 409 字になって居る．本教授参考書は主として前者を基本とし，之に配するに後者を以ってしている．』

と述べられている．

また，中国語のレベルについては，次の方針とすることが述べられている．

『方針
1. 本教科書の教材は，単に学校生活関係のもののみに限らず，児童を中心とする社会一般日常必須のものはこれを悉く網羅することに努めた．
2. 教材の文体は相互連絡統一ある実用会話体のものを以ってし，使用漢字の数量及び難易は常用の程度高く，且出来るだけ平易なものを使用することに意を用いた．
3. 新出文字及び一文の長さは，大体において次の標準に拠ることとした．
   巻一（4年生用）新出文字 110 字，一文の長さ：6 字以内，課数：17 課
   巻二（5年生用）新出文字 140 字，一文の長さ：7 字以内，課数：18 課
   巻三（6年生用）新出文字 150 字，一文の長さ：8 字以内，課数：38 課
   第四（高1年用）新出文字 342 字，一文の長さ：制限なし，課数：30 課
   第五（高2年用）新出文字 252 字，一文の長さ：制限なし，課数：26 課
4. 教材として採用した語や文は非常に僅少であって，これだけでは日常の用を弁ずるのに不自由であろうと思われるから，別に練習として本文と成るべく連絡のある短文，或いは語彙を選んで添付することとしたが，これ等は総べて文字としては取り扱はず，言葉として即ち発音のみによって教授中随時に使用し，能力ある限り効果的なものたらしめたい．』[81]

このように，「文字数として，小学校3年間で約 400 字」は少ないが，漢字

---

81)「初等支那語教科書教授参考書　巻一，二，三」，関東局在満教務部教科書編纂部，1941 年．

は文字の組み合わせによって，単語数としては，はるかに多くなる．また，教師用指導参考書に述べられている練習課題を含め，かつ，文字の組み合わせを考えれば，はるかに多くの「単語数」を授業中に練習するようになっており，初級としては妥当なところとしている[82]．

(2) 現在の中国語検定(日本中国語検定協会)試験内容との比較

小学校4，5，6年生用（初等支那語教科書巻一，二，三）の内容は，現在の中国語検定3級相当のレベルと判断される．中国語検定4級が500～1,000語，3級が2,000字相当に対して，当時の教科書は，単字音数として，巻一が110字，巻二が140字，巻三が150字，6年生までに400字としている[83]．

中国語検定では，単語数でレベルを表現しており，直接の比較はできない．

中国語の場合，単字音数の組み合わせにより，多くの単語が形成されるので，単語数よりも文字数（単字音数）の方が重要であると考えられる．

400字の中から2字を組み合わせたとすれば，その組み合わせ数は，数学上膨大な数となる．

これほど極端ではないとしても，「謝」という文字を例にとれば，「謝謝」，「多謝」，「不謝」，「感謝」などいくつもの単語ができる．「打」は種々な単語と結びついて，行為を表す単語となる．行為を表す「単字音字」に「方向補語」をつける場合も同じである．

したがって，中国語の場合は「単字音数」で比較するのが良いと考える．

7.5.2 発音の表し方

語学の学習において，発音は重要であるが，中国語においては特に重要である．

どのような発音記号を用い，どのように練習するか，検討の結果，次のとおりとすることが決定された．

---

82) 「初等支那語教科書教授参考書　巻三」，関東局在満教務部教科書編纂部，1941年．
83) 「初等支那語教科書教授参考書　巻一，巻二」，南満州教育会教科書編纂部，1937年．

7. 正課としての中国語教育の発足

『発音の記号には，次に示す
1) ウエード式,
2) 注音符号式,
3) 民国式,
4) 日本仮名式
があったが，4) 日本仮名方式に四聲を組み合わせる方式を取ることとなった．』[84]

注音符号式は，現在でも台湾では使われている．

『満州に在住する日本人児童に対する教育に当たっては，児童の能力学習上の負担等を考慮し，一切日本仮名を以って記載し，これを合理的に使用せしめることとした．』

と初等支那語教科書教授参考書に記載されている[85]．

「満州国」建国以前の中華民国では，中国語の発音に「注音符号」が発音記号として用いていた[86]．これは1918年に中華民国で作られたもので，日本語のカタカナに類似したもので，漢字の部分をとって作られており，中国語のすべての発音を網羅している記号である．

満州国建国以前の中華民国東北部在住の日本人児童・生徒が，注音符号により中国語の発音を学習したのは，このような理由による．しかも，巻一から巻三まで（小学校4年から6年まで）は，漢字，仮名文字を全く使用せず，注音符号のみで記載した教科書であった．

満州国建国以後は，満州国在住の日本人生徒の教育は「満州国」独自の「日本仮名式発音」を採用して中国語の教育が行われた．日本人生徒の最初の文字教育が仮名文字によって行われたことから，自然なことであると思われる．

したがって，日本人生徒に対する中国語教育にいつまで注音符号が用いら

---

84)「初等支那語教科書教授参考書　巻一，二」，南満州教育会教科書編纂部，1937年．
85)「初等支那語教科書教授参考書　巻三」，関東局在満教務部教科書編纂部，1941年．
86)「初等支那語教科書教授参考書　巻一，二」，南満州教育会教科書編纂部，1937年．

れ，いつから日本仮名方式に変更されたのかは，「満州国」在住の日本人児童の教育方式の変化を知る上で，興味がある．

現在，入手可能な日本人小学生用教科書によって調べたところ，次のような変遷が分かった．

昭和初期に中国語教科書として用いられた「稿本」では，発音記号として，中華民国で用いられていた注音符号を用いていたが，満州国建国以後は，教科書も全面的に改訂され，発音記号も日本仮名式発音表現となっている．稿本・注音符号から日本仮名式発音表現に改訂されたのは，小学校の各学年ごとに次に示す年次によっている．

教科書の発音記号：注音符号から日本仮名方式への変更の年次[87)]

　小学校4年：第一巻（初版）昭和12年（かな）[87*2)]
　　　　　　　　　　　　　←稿本*1(注音符号) 初版　昭和3年[87*4)]
　小学校5年：第二巻（初版）昭和11年*1（かな）[87*2)]
　　　　　　　　　　　　　←稿本*1(注音符号) 初版　昭和3年[87*4)]
　小学校6年：第三巻（初版）昭和13年（かな）[87*3)]
　　　　　　　　　　　　　←稿本*1(注音符号) 初版　昭和4年[87*4)]
　高等科1年：第四巻（初版）昭和15年（かな）[87*3)]
　　　　　　　　　　　　　←稿本*1(注音符号) 初版　昭和5年[87*4)]
　高等科2年：第五巻（初版）昭和15年（かな）[87*3)]
　　　　　　　　　　　　　←稿本*1(注音符号) 初版　昭和5年[87*4)]

（稿本とは，正規の教科書が完成する以前に，暫定的に使用されたものを指す．稿本では中華民国注音符号が使用されていた）．

日本仮名式発音表現については，初等支那語教科書教授参考書に発音の仕方が詳細に解説されている．

次節に教授参考書に記載されている内容に従って，その一部を引用して解説

---

87)「初等支那語教科書教授参考書　巻一，二，三」，南満州教育会教科書編纂部，1937年．
　＊1：稿本とは，正規の教科書が完成する以前に，暫定的に使用されたものを指す．稿本では，中華民国式注音符号が使用されていた．　＊2 関東局在満教務部教科書編纂部．　＊3 在満日本教育会教科書編纂部．　＊4 南満州教育会教科書編纂部

する．

7.5.3 発音上の注意[88]

初等支那語教科書教授参考書では，発音上の注意点について，次のように記載されており，きわめて詳細，懇切である．

『(1) 一般的事項
　1) 支那語を表すには注音符号・ローマ字等によるのを普通とするが，本書に於いては児童の能力，学習上の負担等を考慮し，一切日本仮名を以って記号とし，これを合理的に使用せしめることとした．尚此の日本仮名は既に字書中に採用されている宮越健太郎氏の創案になるものを用いた．
　2) 発音教授上に於いては次の諸点に注意せられたい．
　　イ　眼よりも耳，学習の対象は音標自身ではなくて音標の代表している音其のものであることに注意し，音標の先入主的発音法に拘泥して，支那音の本体を損なってはならぬ．
　　ロ　音標よりも口形，音標にとらわれないで，教授者の口形に注意せしめ，教授者の発する実際音を傾聴せしめねばならぬ．
　　ハ　音の模倣　音の模倣と"こわいろ"の模倣を混同しないよう注意せねばならぬ．
　　ニ　曖昧な音　音を発する方法を会得せしめ，児童をして発音方法に確信を与える迄は，無暗に発音せしめてはならぬ．特に満州における小学児童は，多少とも支那語を聞きかじり，其の修得せる支那音は大部分不正確な疑似音であるから，努めてこれを矯正することが必要である．而して正確なりとの自信を得せしめた後は大胆に発音せしむべきである．

---

88) 「初等支那語教科書教授参考書　巻一，二」，南満州教育会教科書編纂部，1937年．

(2) 当時の発音の表記方法[89]

子音の部	ウェード式	注音符號	民國式	日本假名
双唇音	p / p' / m	ㄅ / ㄆ / ㄇ	b / p / m	バ / ぱ / マ
唇齒音	f	ㄈ	f	ファ
舌尖音	t / t' / n / l	ㄉ / ㄊ / ㄋ / ㄌ	d / t / n / l	ダ / タ / ナ / ラ
舌後音	k / k' / h	ㄍ / ㄎ / ㄏ	k / k / h	カ / か / ハ
舌前音	ch / ch' / hsi	ㄐ / ㄑ / ㄒ	l / ch / sh	チ / ち / シ
舌葉音	ch / ch' / sh / j	ㄓ / ㄔ / ㄕ / ㄖ	j / ch / sh / r	ヂ / ち / シ / ジ
舌齒音	ts / ts' / s	ㄗ / ㄘ / ㄙ	tz / ts / s	ツ / つ / ス

母音の部	ウェード式	注音符號	民國式	日本假名
單母音	a / i / u / e / o / ê / ü	ㄚ / ㄧ / ㄨ / ㄜ / ㄛ / ㄝ / ㄩ	a / i / u / e / o / iu	ア / イ / ウ / エ / ヲ / エ / ユ
複母音	ai / ei / ao / ou	ㄞ / ㄟ / ㄠ / ㄡ	ai / ei / au / ou	アイ / エイ / イオウ / アオ
附聲母音	an / ên / ang / êng	ㄢ / ㄣ / ㄤ / ㄥ	an / en / ang / eng	アヌ / エヌ / アオ / エン
聲母化音	êrh	ㄦ	el	アル
結合母音（一）	ya / yo / yeh / yai / yao / yu / yen / yin / yang / ying	ㄧㄚ / ㄧㄛ / ㄧㄝ / ㄧㄞ / ㄧㄠ / ㄧㄡ / ㄧㄢ / ㄧㄣ / ㄧㄤ / ㄧㄥ	ia / io / ie / iai / iau / iou / ian / in / iang / ing	ヤ / ヨ / イエ / ヤイ / ヤオ / イウ / イエヌ / イヌ / イヤン / イン
結合母音（二）	wa / wo / wai / wei / wan / wen / wang / wêng	ㄨㄚ / ㄨㄛ / ㄨㄞ / ㄨㄟ / ㄨㄢ / ㄨㄣ / ㄨㄤ / ㄨㄥ	ua / uo / uai / uei / uan / uen / uang / ueng	ワ / ウォ / ウアイ / ウエイ / ワヌ / ウエヌ / ワン / ウォン
結合母音（三）	yüeh / yüan / yün / yung	ㄩㄝ / ㄩㄢ / ㄩㄣ / ㄩㄥ	iue / iuan / iun / iong	ユエ / ユアヌ / ユヌ / ヨン

---

[89] 「初等支那語教科書教授参考書　巻一」、「準備事項」南満州教育会教科書編纂部発行、1937年、p. 4.

(3) 日本仮名に使用されている特殊記号に就いて[90]
 1) 文字の上に「⌒」の符号を有する書は舌葉音を表す．此の音は舌の前部と硬口蓋とを接触して発するもので特殊な発音である．
 2)「‥」，此の符号は有気音を表す．此の音は唇を著しく前に突出し，強く「ウ」と発する要領で「イ」を強く発すればよい．
 3) 平仮名は「有気音」で表す．此の音は他国語にない支那語独特の音を発する際，口中の気息が著しく外漏する音である．これも特に練習を要する．其の他の音は無気音である．支那語では有気，無気の区別に絶対に必要である．

(4) 中国語の単字音数

中国語の単字音数に対する学者の見解は区々であって，少いものは387音，多いものは1045音に及んでいる．従来は402音を大体の標準としたが，中華民国教育部公布の「国音常用字彙」[91]は，411を標準とした．藤木敦実，麻喜正吾両氏共編著の「綜合支那語発音字典」[92]は409音になって居る．

満州国で使用された教師用教授参考書では主として前者を基本とし，之に配するに後者を以ってしている．

(5) 韻及び聲の意義[93]

単字音を其の構成によって便宜上韻及び聲の二部に分解することが出来る．韻とは聲帯の振動と聲帯以外の発音器官の静止的準備と相俟って発せられるものである．聲とは気流と聲帯以外の発音器官の活動的準備と相俟って発せられるものである．

---

90) 1924年に中華民国教育部国語統一委員会は北京語音を標準とすることを決めた．新たな標準は1932年公布の「国音常用字彙」(民国21年5月教育部国語統一箋備委員会編商務印書館発行)にまとめられた．これを「新国音」または「京音」と呼ぶ．「国音常用字彙」は，9,920字のほか，異体字1,179字，異読字1,120字，合計1万2,219字を収め，現代中国語の標準音を示した最初の字書である．
91) 中華民国教育部公布：「国音常用字彙」，民国21年5月教育部国語統一箋備委員会編商務印書館発行．
92) 藤木敦実，麻喜正吾共編著：「綜合支那語発音字典」．
93) 「初等支那語教科書教授参考書 巻一，二，三」，南満州教育会教科書編纂部，1937年．

(6) 四聲の意義[94]

　支那の四聲とは単字音の有する四種の調子である．調子とは，聲帯の響きが外に洩れる迄に受ける高低起落長短緩急の綾である．聲の種類を上平（隠平・一聲）・下平（陽平・二聲）・上聲（三聲）・去聲（四聲）に分つ．四聲の符号は我が国に於ては音字の四隅に小圏を附し左下より上部を経て右下に至るのを普通の順序とする．

(7) 重読の意義[95]

　重読と二連音若しくは二連音以上の音連続して発する場合，その中の特定の音を他音よりも強く高く長く明らかに発することをいふ．

(8) 四聲及び重読の変化[96]

　四聲及び重読の意義の如何，並びに音の結合関係如何によって必ずしも一定せず諸種の変化を生ずる．』

7.5.4　注音符号

　1918年，中華民国の教育部（文部省）が，日本語のカタカナにならって，漢字の右側に読む音を注記するために「注音字母」を公布した．そのため当初の正式名称は「注音字母」であり，漢字に代わる表記法と位置付けられていた．南京国民政府でも引き続き公認されたが，1930年に「注音符号」と改称され，位置付けが漢字の発音記号に縮小された．主に台湾で使用・奨励されている．現在は中国（中華人民共和国），シンガポールや我が国を含めて世界各国では，拼音が使用されている．

　注音符号は日本語の仮名と同じく，ある音に合う漢字の一部を取り出して使用しているため，カタカナと似た字体の文字もあるが，読みが共通しているものは存在しない．また，日本の仮名と同じく，台湾では初等教育の初期からこれを習い，キーボードや携帯の入力に用いている．

　注音符号は，かつて中華民国および満州国建国以前の中華民国東北部の日本人小学生に対する中国語教育に使用されていた．この当時の中国語の教科書に

---

94)　「初等支那語教科書教授参考書　巻一」，南満州教育会教科書編纂部，1937年，p. 6.
95)　同書．p. 6.
96)　同書．p. 6.

は「支那語教科書　稿本」と表記されており暫定的な取扱いであった．満州国建国以後は，日本人小学生の理解が容易である点を考慮して，日本仮名方式の発音表示となり，これが正式な教科書となった．それ以後は，注音符号は用いられていない．ただし，日本人中学生用教科書には注音符号が用いられていた．中華民国の流れを受け次いでいる台湾では現在でも注音符号が使われている．

(1)　注音符号の発音の図解[97]

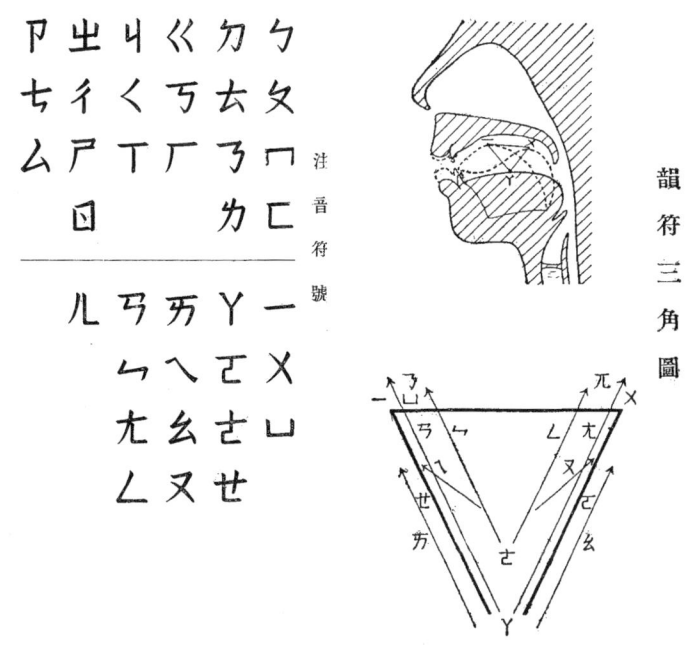

ㄗ ㄓ ㄐ ㄍ ㄉ ㄅ
ㄘ ㄔ ㄑ ㄎ ㄊ ㄆ
ㄙ ㄕ ㄒ ㄏ ㄋ ㄇ
ㄖ 　 　 　 ㄌ ㄈ

注音符號

ㄦ ㄢ ㄞ ㄚ ㄧ
ㄣ ㄟ ㄛ ㄨ
ㄤ ㄠ ㄜ ㄩ
ㄥ ㄡ ㄝ

韻符三角圖

(2)　注音符号の文字（子音字）

子音字は，漢語拼音の子音表記をそのまま置き換えるだけである．拼音の j, q, x ([dʑ, tɕʰ, ɕ]) が g, k, h (/ĝ, kʰ, x/) の異音であることは利用されていない．

---

97)　①「初等支那語教科書稿本　巻一（1928年），巻二（1928年），巻三（1929年），南満州教育会教科書編纂部．
　　②「初等支那語教科書教師用稿本　巻一（1928年），巻二教師用（1928年），巻三（1929年），南満州教育会教科書編纂部．

注音符号	ㄅ	ㄆ	ㄇ	ㄈ	ㄉ	ㄊ	ㄋ	ㄌ	ㄍ	ㄎ	ㄏ	ㄐ	ㄑ	ㄒ	ㄓ	ㄔ	ㄕ	ㄖ	ㄗ	ㄘ	ㄙ
漢語拼音	b	p	m	f	d	t	n	l	g	k	h	j	q	x	zh	ch	sh	r	z	c	s
IPA	p	pʰ	m	f	t	tʰ	n	l	k	kʰ	x	tɕ	tɕʰ	ɕ	tʂ	tʂʰ	ʂ	ʐ	ts	tsʰ	s
由来	勹	夊	冖	匚	刀	士	乃	力	巜	万	厂	丩	く	丅	之	彳	尸	日	卩	七	厶

(3) 注音符号の文字（母音字）

注音符号	ㄚ	ㄛ	ㄧ	ㄨ	ㄜ	ㄩ	ㄝ	ㄞ	ㄟ	ㄠ	ㄡ	ㄢ	ㄣ	ㄤ	ㄥ	ㄦ
漢語拼音	a	e	i	u	o	ü	ê	ai	ei	ao	ou	an	en	ang	eng, -ng	er, r
IPA	a	ɤ	i	u	o	y	e	aɪ	eɪ	aʊ	oʊ	an	ən	ɑŋ, ŋ	ɤŋ, ŋ	ɚ, r
由来	丫	芝	一	ㄨ	乞	凵	也	万	乁	幺	又	马	乚	尢	厶	儿

- 拼音の zhi, chi, shi, ri, zi, ci, si の -i は表記しない．
- ㄧは縦書きのときは「一」，横書きのときは「ㄧ」と表記される．
- ㄢはㄧの後では[ɛn]と発音する．ㄣはㄧの後では[n]と発音する．
- ㄥは他の母音字の後では[ŋ]と発音する．
- ㄦは r 化にも使用される．r 化の際，母音が鼻母音に変わるなどの変音は記述分けしない．

(4) 声調記号

注音符号	第一声	第二声	第三声	第四声	軽声
注音符号	なし	´	ˇ	`	・

用例　　Tái　　wān
　　　　台ㄊㄞˊ　灣ㄨㄢ

7.5.5　日本仮名方式による発音表記の例（初等教科書 巻一）[98]

1936（昭和11）年出版の教科書以降，1945（昭和20）年までは日本仮名方式の発音表記が使用された．

---

98)「初等支那語教科書教授参考書　巻一」，南満州教育会教科書編纂部，1937 年．

7. 正課としての中国語教育の発足

第一巻 新字表（新出文字数 110字）

新字表

一 你ニ 來ライ 我ヲ 去チュ 他タ 不ブ 心シヌ 果クヲ

二 了ラ 麼マ 走ツヲ 快ヘイ 慢マン 十四、開カイ 窗ちゅあん 戸ホウ

三 有イヲウ 沒メイ 甚ジュ 書シウ 和ヘ 筆ピ 十五、姐チエ 進チヌ 街チエ 買マイ 弟ディ 關コアヌ

四 還ハイ 紙チ 一イ 二アル 三サヌ 四ス 五ウ 六リョウ 十六、上ジャヌ 兄ジュン 東トアン 西シ 門メヌ

五 要ヤオ 對トイ 行シン 樣ヤン 明ミン 白バイ 麗イ 十七、錢ちぇヌ 毛マヲ 您ニヌ 貴コイ 分フェヌ 出ちゅ

六 兩リャン 多トヲ 少シャウ 個コ 們メヌ

七 這チェ 那ナ 給ケイ 謝シェ 哪ナ 寫シェ 字ヅ

八 看カヌ 做ツヲ 呢ナ 帽マヲ 子ヅ 衣イ

九 是シ 兒アル（ル）誰シェイ 的ヂ

十 父フ 親ちん 幾チ 人レヌ 母ムウ 哥コイ 妹メイ 小シャウ

十一 學シュエ 校シャウ 先シェヌ 生ジェヌ 塊こアイ 吃ちゃ 飯ファヌ 用ユヌ 教チャウ

十二 拿ナ 桌ちゃヲ 椅イ

十三 鐘チュン 錶ヒャヲ 大タ 點ディエヌ 現ジェヌ 在ヅァイ

8. 日本人小学校で使用されていた教師用教授参考書指導要領[99]

8.1 教科書の作成, 選定の考え方
——教材として採用した語や文[100]

　教科書の作成, 選定の考え方については,「教師用初等支那語教科書教授参考書」の「緒言」の項に, 次のとおり述べられており, 教材として採用した語や文についても十分検討が加えられていることが分かる.

『(1) 教材として採用した語や文は非常に僅少であって, これだけでは日常の用を絆するのに不自由であらうと思われるから, 別に練習として本文と成るべく連絡のある短文或は語彙を選んで添附することにしたが, これ等は総べて文字としては取扱はす言葉として即ち発音のみによって教授中随時に使用し余力のある限り効果的なものたらしめたい.

(2) 支那音を表すには, 前述のやうに, 1) ウエード式, 2) 注音符号式, 3) 民国式, 4) 日本仮名方式, があったが, 満州に於ける小学校教育では「4) 日本仮名方式に四聲を組み合わせる方式」を取ることとなった. 初等支那語教科書教授参考書では, この方式に従って発音を詳細に解説している. 英語既履修者にとってはウエード式が望ましいが, 英語を履修していない小学生にとっては, ウエード式は却って負担となる. 従って, 日本仮名方式を取ることとなったが, 履修者が間違いやすい点を含めて詳細な解説を加えてある. この解説は, ウエード式発音履修者にとっても, 参考となる点が多い

---

99)　「初等支那語教科書教授参考書　巻一, 二」, 南満州教育会教科書編纂部, 1937年.
100)　同書.

と考えられる．』

　発音をいかに正しく習得するかは，教師の資質にも，教師の出身地によっても異なってくる．英語に例を取るならば，「イギリス英語」，「アメリカ英語」，「国連英語」，「インド英語」などさまざまである．例えば，schedule をいかに発音するか，さらには，医学用語において，schizophrenia を ski と発音する人と，shi と発音する人とがあり，専門家の間でも意思疎通を欠くこともある．この「教師用初等支那語教科書教授参考書」では，これらの点もよく考慮されているといえる．

　なお，日本仮名発音方式はすでに辞書の中で採用されている宮越健太郎氏の創案[101]になるものを用いている．

　中国語において発音はきわめて重要であるので，「初等支那語教科書教授参考書」で解説されている巻一，巻二，巻三の単字発音を教科書内容，初出字とともに，付属資料として添付する．

8.2　初等支那語教科書教授参考書

　発音について，日本仮名式発音標記に従って詳細な注意が記載されているので，ここに発音上の注意の例をあげ，教科書の全文に対する解説は後記付属資料として添付する．発音の仕方についての説明は非常に詳しい．

巻一（小学4年生用）[102]

「快走」

「慢走」

　○「快」（コワイ）は「開：カイ」と似てゐるが，「開」の方に（ワ）の音がない．

　○「慢」（マヌ）は音尾が（ヌ）で止り，所謂「窄音」であるが，日本人には

---

101)　「初等支那語教科書教授参考書　巻一，巻二」，南満州教育会教科書編纂部，1937年，各 p.2.
102)　「初等支那語教科書　巻一」，南満州教育会教科書編纂部，1937年．

この音が極めて不明瞭で，音尾の（ン）で終る「覚音」になり易い．「覚音」は，まず口を閉じて口腔をひろげ，舌を後に引いて余音を鼻から出し，「窄音」は，口腔を狭くして舌端が歯につく位の心持で音が鼻に抜けないやう発音すればよい．この両者の区別は，大体に於て日本の音読で音尾が（イ）若くは（ウ）で終わるものは「覚音」（ン）で終るものは「窄音」としてよい．

「你今年多大了」
○「今年」（チヌニエヌ）が（チンネン），（キンネン）にならぬやう．「年」は二音節に発すること．

「我出去」
○「出去」（チウチェ）は（チェーチェー）或いは（チウチィ）になり易い．「舌葉音」と「撮口音」とからなっていることに注意．（原文は繁体字であるが，ここでは簡体字に改めた）

「这是什么」

「那是学校」

「先生做什么呢」

「先生教书哪」

「学生做什么呢」

「学生用功哪」

○「学」（シュエ）は（シイエ）になり易いから，撮口音であることに注意．又「学」を（シュエ）と発音する時には「学校」「学問」の意になり（シャオ）と発音する時には「学ぶ」の意になる．

○「校」は（シャオ）であるから（ショオ）と発音してはいけない．

○「先生」（シエヌ，シォン）は（センシヨン）となりやすい．

○「用」（ユォン）が「ユン」，「功」が（コォン）が（クン）となりやすい．特に「用功」と続けて発音する場合にはこの点が甚だしい．

8.3 用 語

以下に教科書巻一（小学校4年生用）の三つの文章について，教授参考書

に記載されている内容を基に考察する.

教科書　巻一，第一二課[103]（但し，簡体字に書き改めてある）

```
                              （练  拿  那  拿  拿  那  这
他  他  我  你  哪  那  这    习） 椅  儿  去  来  儿  儿
在  在  在  在  儿  儿  儿         子  没         儿
那  哪  这  哪  有  有  有         来  有         有
儿  儿  儿  儿                        桌         桌
                                      椅         子
                                      子
```

注意点[104]

(1) ［桌］（チゥオ）が（チョオ）にならぬやうに.
(2) ［这儿］，［那儿］の［儿］は他の場合と音の変化に注意.
(3) ［那］を三聲に発音すると「何処」，すなわち，「住在那儿」（何処にお住まいですか）となって，疑問文になるから，四聲であることに注意.
(4) ［这儿］，［那儿］を［这边儿］，［那边儿］，或いは，［这裡］，［那裡］ともいふが，（チャーペン）（ニャーペン）という発音を使用しないやうに注意．また，これらは，「何処で」，「何処から」，「何処へ」等の問に属する副詞ともなり，「上頭」，「下頭」，「外頭」，「東边儿」，「西边儿」，「到边儿」と同一の作用をする場合もある．
(5) 「拿来」，「拿去」は単に「持ってくる」，「持って行く」であるが，「拿」と「来」の間に名詞を挟んで，「拿〇〇来」とすると，「〇〇を持ってきなさい」といふ意味になる．「拿」の用法の二，三を例示すれば，
　　① 「〇〇で」の意味
　　　　「傘提子打狗」（棒で犬を打つ）
　　② 「……〇……〇に」の意味
　　　　「你拿我作」（私にやらせて下さい）

　上記は，中国語履修初年度の小学校4年生が学んだ履修内容の一例である．これを見ても，中国語学習初年次の当時の小学校4年生がいかに語学吸収能力があったかが分かる．現在の小学校4年生でも，同じ能力をもってい

---
103)「初等支那語教科書　巻一」，南満州教育会教科書編纂部，1937年．
104)「初等支那語教科書教授参考書　巻一」，南満州教育会教科書編纂部，1937年．

8. 日本人小学校で使用されていた教師用教授参考書指導要領

ると考えなければならない．
　さらに，2, 3学習内容の指導例をあげる．

教科書　巻一，第一五課[105]（但し，簡体字に書き改めてある）

```
　　　　　　　　　　　　　　姐　弟　兄　姐　我　你　开　开
　　　　　　　　　　　（练　妹　兄　弟　姐　出　去　门　窗
拿　拿　别　别　我　开　开　开　习　　　　　　　出　进　　　户
出　进　开　进　没　门　门　门　）　　　　　　　门　来
去　来　窗　来　开　出　出　进　　　　　　　　　儿
　　　　户　门　了　去　来　去
　　　　　　　　吗　　　　　来
```

注意点[106]

(1)「开」(カイ)が(クワイ)にならぬやうに．
(2)「窗」(チォワン)は(チョワン)になり易い．舌葉音であるから，口形に注意．
(3)「戸」(ホウ)が(フ)又は(ホ)にならぬやうに．
(4)「关」(コワヌ)が(カン)にならぬやうに．
(5)「门」(メヌ)は寛音(メン)になりやすい．
(6)「兄」(シュオン)が(シュン)とならぬやうに．撮口形音であることに注意．」
(7)「出去」は(チュチェ)は(チューチュー)或いは(チュチィ)になり易い．舌葉音と撮口音とから成っていることに注意．
(8)「开窗戸」は「窓を開ける」といふ普通文であるが，これを命令文にするには「把窗开开」とし，「○○を」に当たる「把」と「开开」といふやうに「开」を二つ重ねる．
(9)「关门」も同様「把门关上」とすればよい．但し，「关」を「关关」とはいはず，「关上」といふことに注意．
(10)「你去」は，これを命令形にするには，「你去吧」と命令の意を有する語尾の助動詞「吧」を附ければ良い．
(11)「出去」は「出ていく」の意で，「你出去吧」(おまえは出ていけ)，「偕

---

105)　「初等支那語教科書　巻一」，南満州教育会教科書編纂部，1937年．
106)　「初等支那語教科書教授参考書　巻一」，南満州教育会教科書編纂部，1937年．

们出去溜達去吧」（散歩に出かけませう）と使用され、「出門」は外出する、旅行するの意で「今天我没去门」（今日私は外出しなかった）．「出遠門」（遠方へ旅行する）と使用される．

この外に右の二語と非常によく似てゐて意味の少し違うものに「外出」と「出家」がある．「出外」は（旅行する）（専ら外省に行くこと）の意があり，「出家」は（出家する，僧になる）の意がある．
(12) 「進来」，「出去」の上に「拿」といふ語をつけると「拿進来」（持って入る「拿出去」（持って出て行く）の意になる．

教科書 巻一，第一六課[107)]（但し，簡体字に書き改めてある）

你上哪儿去
我上街去
做什么去
买东西去
这是买的吗
是买的
（练习）
你上哪儿去了
我上市场去了
市场里人多吗
是不错
东西怎么样
什么东西都有
买卖
做买卖
卖什么
卖东西

注意点[108)]
(1) 「上」（シァン）は舌葉音である．
(2) 「西」（シ）は単なる（シ）である．（ス）と発音するのはよくない．
(3) 「买」（マイ）が三聲であること．もしこれが四聲になると「売」の意になるから注意する必要がある．日本語で「売買」といふが，支那語では「买卖」と逆に熟して「商売」の意．
(4) 「上」は文法的にいへば，前置詞であり，特に前置詞でも最も簡単な用法である．尚，動詞，副詞から転用されたものが多い．「上学」（学校に行く），（入学する），「上课」．
「仕事に着手する」の「上」は動詞である．
「上」と同様に日本語の「○○へ」に当るものに「到」，「往」があるが，此の三つは次のような区別を持つてゐる．

---

107) 「初等支那語教科書 巻一」，南満州教育会教科書編纂部，1937 年．
108) 「初等支那語教科書教授参考書 巻一」，南満州教育会教科書編纂部，1937 年．

1)「上奉天去」（奉天へ行く）
2)「到奉天去」（奉天まで行く）
3)「往奉天去」（奉天の方へ行く）

即ち,「上」は（何処へ行く）と其の目的地が確然たる場合に用ゐ,「到」は（何処そこまで行く）といふ到着点を表し,「往」は（何処そこへ向かって行く）といふ方向を表す場合に用ゐるのである.

(5)「东西」は「東と西」の意味もあるが, 普通に「品物」の意である. 東洋と西洋のもの, 即ち舶来から転用したのだらうといふ.

8.4　中国語により中国人の風俗, 習慣, ものの考え方を理解する

教科書は中国の習得を通して中国人の風俗, 習慣, ものの考え方を理解するよう教科書の内容が作成されている（初級支那語教科書教授参考書記載の例）. 外国語を習うことは, 相手の文化, 習慣, ものの考え方を知ることであり, 以下に述べるのは, 教授参考書に収載されている例である.

例1[109)]

車中一日本人が同乗の満人と取交した会話である. 満人は話好きで初對面の者でもよく話しかけられる. 買物の時, 又は道を尋ねる時, 或は車中で遠慮なく満人に話しかけ, 聞き取りや会話の実地練習の場を作ってやるのが良い.

「您在那儿住」
「我在奉天住」
「到這儿几年了」
「已経三年了」
「您上日本去过吗」
「我去过両回了」

---

109)「初等支那語教科書教授参考書　巻三」, 関東局在満教務部教科書編纂部, 1941 年.

例 2[110)]

　日本人の店では，買いもしないで値段を聞く様な素見客には，往々無愛相で嫌な顔をするが，満人商人はたとへ買はなくとも愛想よく迎へ，其の用途や値段を親切に教えて呉れる．満人商店での買物は，児童のよき支那語練習の機会であることを知らしめること．

　「他做什么买卖」
　「他开点心铺」
　「這是什么铺子」
　「那是杂货铺」
　「铺子里有么买东西」
　「各样儿的东西都有」

例 3[111)]

「要多儿錢」といふのは初出の言葉であるが「要多少」「多儿錢一個」といふ言葉を習ってゐるから容易に了解出来る筈である．

　「洋车上学校　要多儿錢」
　「給両毛錢」

例 4[112)]

　車に乗る時，先づ賃錢を決定してから乗ることは在満日本人の常識の様に考へられてゐたが近年来比の常識が顧みられないで，目的地に着いてから車夫と日本人乗客の間に言ひ争いをしている場面が屡々見聞される．些細なことで日本人の風格を落すことは感心されない．

例 5[113)]

「没法子」又は「没有法子」とも言ふ．「致し方ない」といふ諦観を表す語

---

　110)　「初等支那語教科書教授参考書　巻三」，関東局在満教務部教科書編纂部，1941 年．
　111)　同書．
　112)　同書．
　113)　同書．

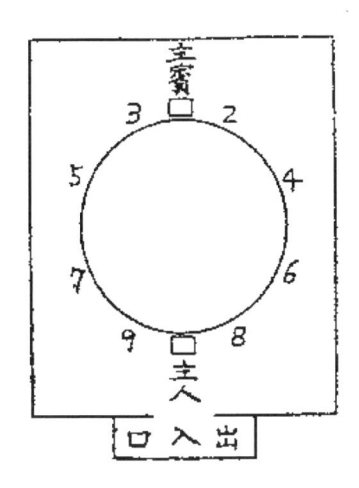

8. 日本人小学校で使用されていた教師用教授参考書指導要領　77

```
          主賓
       3 □  2
    5         4

             
    7         6

       9  □  8
          主人
      ┌─────┐
      │出入口│
      └─────┘
```

で，満支人は凡ゆる場合に此の言葉を使ふ．支那人を知るに此の言葉は仲々大切な言葉である．

　それは彼等の運命論的人生観を此の三字の中にひそませ，日常生活に此の言葉を生かし，此の言葉で生き抜いてゐるかに見へるからである．もつと早く提出したい言葉であったがその時機を得なかった．車等に乗る時，渋々承諾する場合にもよく「没法子」を連発する．

　　「上火車站那去．要多儿銭」
　　「五毛銭」
　　「那太多了」
　　「不多呀，太還哪」
　　「三毛銭去不去」
　　「没法子．給四毛銭哪」

例6[114]

　支那料理の卓に着く場合，其の席次は慣習上一定の標準があって図のやうに，出入口に近いところが主人席で，其の向ひ側が上座となり主賓席となる．陪席の者は番号順に示された席に，年長順又は，上司の者より着く．

　114）「初等支那語教科書教授参考書　巻三」，関東局在満教務部教科書編纂部，1941年．

例7[115]

「体面」立派な，体裁のよい，名誉な，といふ意であるが，之と似た言葉に「面子」といふのがある．「面子」は名誉，面目，顔立ちが良いという意である．「不体面」，「没有面子」と言へば満支人が最も恐れる言葉であるから，満支人との交際には「面子」を失はせない様に心掛けるべきである．

　「以后更要用功」
　「総要成一个体面人物」

例8[116]

新年の挨拶語は教材に掲げられたものが普通であるが　一般商人欄には「発財発財」といふ言葉が取交される．これは新年頭初より，財物豊に発し，富福を希ふといふ，民族的思考より生れ出でた言葉である．

　「新福新祈」
　「过年好啊」
　「同福同祈」
　「您过好过年好呵」

8.5　小学校6年生の中国語学習最終課程の内容

　最後に，小学校6年生の中国語学習の最終課程，第十七課，第十八課の内容を引用する．教科の内容としてここまで来たか，ともとれるか，この程度か，と見るかであるが，小学生が初歩から学習した到達点としては妥当なレベルであると考える．

　115）「初等支那語教科書教授参考書　巻三」，関東局在満教務部教科書編纂部，1941年．
　116）同書．

8. 日本人小学校で使用されていた教師用教授参考書指導要領　79

（第十七）

你会说日本话吗

会一点儿　不多

在哪儿学的

在学校里学的

学了几年

学了三年

我说的很好

对不对

您说的满洲话

我说的满洲话

在学校里学的

在哪儿学的

您会说满洲话吗

我姓丸山

您贵姓

（练习）

您说的满洲话很好

会一点儿　不多

可是不多

您说的满洲话很好

您拿满洲话说吧

我说的还不好

以后更要用功

总要成一个体面人物

您的日本话很好

也都明白了

这都承各位先生的教

训

满洲话也会说

你们成了一个好学生

以后也要好好儿用功

成一个体面人物

了

（练习）

你们是六年生

再过二十天

日子过得很快

就要毕业了

一年生的时候儿

你们的身体很小

各样儿的事情

都不明白

现在

满洲话也不会说

了

各样的事情也都明白

身体也强健了

快到毕业了

（第十八）

你的身体长大

各样儿的事情

满洲话也会说一点儿

了

{ 春天了
　夏天了
　秋天了
　冬天了

快到年底了

{ 学满洲话
　买一个
　再去一回
　雇一个人

总要

9. 考察と結語

　以上，本書では，「満州国」で日本人小学生に対する中国語の初期教育がいかに行われたかを見てきた．これは中国語の初期教育の問題だけではなく，語学教育全般のあり方，さらにいえば，国土の狭い，平地面積の狭い我国に住む1億を超える国民の将来のあり方，さらには，地球人として生きていくための考え方に至るものである．

9.1 語学教育について

(1) 語学は単なる意思疎通，外国語を読む手段ではない

　第1点は，語学教育は，単なる意思疎通の手段ではない．その言葉を通して，その言葉を用いている人の心，生活，風俗，習慣，思想を理解することである．その意味で，当時の日本人小・中学生用の中国語教科書は非常によくできていた．中国人を常に対等の相手と見ており，教科書も教師用指導参考書も現地の風俗習慣を理解するように努めていたことが分かる．

(2) 指導方法―教師用　教授参考書[117]

　第2点は，小学校4年生から，かなりのテンポでレベルの高い中国語を教えており，その教え方は，教師用教授参考書にきわめて懇切，詳細に記載されており，優れたものである．

　時間数も，国語に次いで多く，週4時間を配当したという記録がある．教師用参考書にはさらに，当局作成の「掛図」（現在でいう，パワーポイントのような視覚教材としての掛図）が付属しており，「掛図」を用いて教科書にも

---

[117]　「初等支那語教科書教授参考書　巻三」，関東局在満教務部教科書編纂部，1941年．

参考書にも不足するところを補っていた．

（3）　中国語学習―語学学習の意義
　第3点は，中国語を学習したことが生徒の負担になった，あるいは他の科目の学習に影響したということは全くない，ということである．語学の学習においては「負担の少ないように」，「日常の言葉，会話を中心に」ということが，よくいわれるが，「正しい言葉」，「礼儀正しい言葉」を初めに学ばなければならない．本書では，実際に「満州国」で中国語の教育を受けた経験者の感想と実録を通して考察，研究してきた．難易度を下げるあまり，ていねい，礼儀ということを忘れてはならない．多くの場合，外国語を初めて話す相手は，外国人である．親友ではなく，初対面の人である．初対面で人と話をするのと，親友に話をするのとは自から話し方が違ってくる．この点が，満州で使用されていた教科書ではよく配慮されていた．

（4）　語学教育における中国語の位置付け
　第4点として，中国語（北京語）は英語に次いで，地球上で使用人口の多い言語である，ということである[118]．
　英語は，今後は小学校3年生から高校3年生までの10年間学習することになる[119]．10年間という期間は一つの語学を習得するのに十分な期間である．
　英語は10年間で完結させて，以後は専門科目（自然科学，社会科学，国際関係論，文学作品等）としての英語による原書で学ぶ時代に来ていると考える．
　今後は，中国語（あるいはスペイン語）を大学での第1語学とするのが良いと考える．世界で使われている言語は，次の図に示すとおりであり，中国語は英語に次いで第2位であり，第3位のスペイン語よりもはるかに多い．また，中国語を外国語として話す人の数も，英語に次いでいる．しかも，中国は昔から交流のある隣国であり，漢字文化の国である．
　我国の国際的な立場と世界の将来を考えれば，中国語の我国での学校語学教育の位置付けを再考し，さらに重視しなければならない時期に来ていると考え

---

　　[118]　Nicholas Ostler: Most Spoken Languages in the world 世界主要言語話者数，1997年．
　　[119]　2013年10月23日，日本経済新聞（夕刊）．

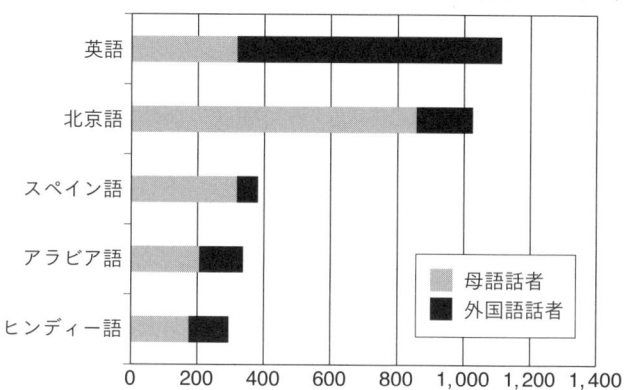

世界の主要言語話者数：母国語と外国語話者数（単位：百万人）

出典：Nicholas Ostler: "Most Spoken Languages in the world", 1997, p. 227.

る．

9.2 終戦時における国家としての考え方

9.2.1 終戦時の在外邦人に対する措置 ——9月24日付外務大臣訓令

日本の敗戦と同時に満州国も崩壊し中国の一部となった．1945年の終戦直後，外務省は，満州，中国，南アジア各地の在外公館に対する緊急訓令「三カ国宣言条項受諾に関する在外現地機関に対する訓令」[120] の中で，

『(一) 居留民はできる限り現地定着の方針をとる．
(二) 居留民の生命財産の保護に付いては万全の措置を講ず．』

と指示している[121]．さらに，関東軍も同様の趣旨の指令を満州国在住日本人に

---

120) 東郷外務大臣発，満州，中国，南アジア各地大使館，領事館宛緊急訓令「三カ国宣言条項受諾に関する在外現地機関に対する訓令」1945年9月24日．
121) 若槻泰雄：「戦後引揚げの記録」，時事通信社，1991年．

対して出している[122]．しかし，その正当性については次のような疑問が生じている．

「現地（外国）定住」については，当然，現地政府の承認が必要となる．敗戦後1カ月余を経過した在外公館に，外交関係のない外国政府との折衝が可能であったのか．また，折衝を行うにしても，中国東北部の場合，満州占領軍は当初はソ連であった．ソ連に対して中国東北部定住を折衝することが，妥当かつ可能であったのか．この外務大臣訓令には種々な点で疑問が残る．

しかも，ここに至って，満州国建設の意味および小学校4年生以上に中国語の学習を必修科目として課し，満州国が日本語・中国語を公用語とする国となり，国がバイリンガルの養成を目指した意味，満州人，中国人との共存共栄の意味が明確になったと見ることもできる．

「侵略」でも「植民地」でもなく，国土の狭い，資源の少ない日本がとった政策は，「移民政策」さらには「棄民政策」の一環であった．また日露戦争で多くの代償を払って勝利して得た南満州鉄道の利権維持のためでもあった．

「『南』満州鉄道株式会社」を中心として鉄道網を全満州に発展させ，ロシア（のち，ソ連）を北満州から駆逐し，満州全域の鉄道網とその周辺の利権を維持するためには，満鉄従業員だけではなく，沿線日本人の現地化が必要であり，その予備軍である小学生に中国語を習得させることが必須であったと解釈することができる．

この考え方の延長線上には，北満に入植し，ソ連侵入により大きな犠牲を払うことになり，事実上の「棄民政策」の犠牲となった開拓団が多いことがあげられる．また，未解決の問題としては，日本人の満州国籍取得問題もあったが，満州国消滅に至るまで解決しないままであった．満州国における国籍問題については，遠藤正敬氏の詳細な研究があり，章末で触れる[123]．

収奪を目的とした欧米諸国の植民地政策では，ほとんどの国が現地の語学教育を重視しなかった．この差異の原因がここにあると考えることができる．国家は国民を保護する義務がある．特に，在外公館はこの任務が大きい．

---

122) 半藤一利：「ソ連が満州に侵攻した夏」，文芸春秋，1999年．
123) 遠藤正敬：「満州国草創期における国籍創設問題—複合民族国家における『国民』の選定と帰化制度—」，早稲田大学政治経済学雑誌，No. 369，2007年10月，pp. 143-161．

しかし，日本国は，法律（外務省設置法）に反して，在外公館自らが外務大臣訓令により「在外邦人保護」という本来の基本的義務を放棄した歴史的に稀有な国家である[124]．

これは，終戦時の一時点の問題ではなく，明治以来の日本の中国東北部，後年の中国語教育を含めた満州国政策の凝縮であると見ることができる．端的にいえば，相手国の了解のない，一方的棄民政策である．

9.2.2　外務省訓令——可能な限り現地化せよ——

前節までで，「第二次世界大戦の敗戦によって，初めて満州国建設の意味が明確になり，満州人，中国人との共存共栄の意味も明確になった」と述べた．この意味を，6，7章で考察したまとめとして中国語学習の観点から時系列的にまとめて以下に考察する．

(1) （1908年）日露戦争後，満鉄付属地での中国語教育：日露戦争後，日本が統治権を有する満鉄付属地では，中国語は「満州」で生活するうえで必修の科目であり，将来的に見ても

   「（中国語は）緊切欠クヘカラサル教科」

   であると位置付け，各小学校が教科目に積極的に中国語を加設することを呼びかけた．

   1908年（日露戦争直後）に，南満州鉄道の鉄道保線の要衝，奉天（現，瀋陽）長春間の寒村，公主嶺で，日本人従業員子弟の小学生に対して中国語教育が行われた．これが満鉄付属地における中国語教育の嚆矢であった．これは，鉄道路線の保守，維持作業は現地の従業員・作業員に依存する度合いが多いため，相互のコミュニケーションを重視したためと考えられる．ロシアの管理下にあった当時の東清鉄道，中東鉄道路線にはなかったことである．当時，公主嶺保線区に勤務していた日本人技術者に関する手記は，このことをよく物語っている[125]．

---

124)　外務省設置法　第一章（総則），第2節（外務省に任務および所掌事務書簡事務），第4条（9）「海外における邦人の生命及び身体の保護その他の安全に関すること」．

125)　川村一正：「清朝末期から『満州国』までの半生」（公主嶺時代）（私家本）

(2) これが契機となって，小学校の正規の授業の中に中国語が配当されることになった．これを植民地教育史・中国語教育歴史において注目すべきことと見る向きもあるが，この見方はステレオタイプで，かつ浅薄である．

　日露戦争後の満鉄の権益は，南満州鉄道とその付属地に限定されており，依然としてロシアが満州に有していた権益に比べれば，ごくわずかであった．中国語の習得は南満州鉄道株式会社が自らの事業を円滑に進めるための方策の一つであったと見るのが妥当である[126]．

　この時期には関東軍の権力は微小であった．当時，ロシアが保有していた中国東北部の大きな鉄道網の運営は，中国人従業員との言語の差の問題もあり必ずしも円滑には行われていなかった．中国の軍隊が出動する事態も生じていた．鉄道運営が国家権力上重要な役割を果たすことについてはクリスティアン・ウォルマーが最近の著書「鉄道と戦争の世界史」の中で指摘している[127]．ロシア管理下の東清鉄道，中東鉄道の建設では長期間を要し，しかも事故が多発していた．満鉄が自らを含め中国語教育に重点を置いたのはここにある．

　満州国における日本人とその子弟に対する中国語教育はまさに，このためであったと見ることができる．

　1936年にロシアが満州国と共同運営をしていた満州国の鉄道から完全に撤退したのは，日本の鉄道運営が優れていたためであり，これは，鉄道沿線の日本人が中国語で満州人鉄道従業員と共同で作業することがで

　　　『公主嶺時代：大正12（1923）年に父一治は公主嶺に転勤になった．―中略― 2ヶ月に一度位に管轄区域約40科の線路巡視を列車に乗って視察していたが，不良個所の指摘は10米と違わぬと部下に感心されていた．ここでも日本の鉄道省の技術力の優秀さは抜群であったという．』
126) ① 1920年1月満鉄学務課長　保々隆矣「日本人が永住出来る教育環境を作る必要を説き，それには満州特有のXを含むべき事を主張」（X＝中国語教育）．
　　② 1920年3月，満鉄中川健蔵理事談「1, 満鉄の特殊権益の獲得に役立つ人材，2, 満鉄の事業に役立つ人材，3,「満州」事情に通じた人材，4,「満州」を基盤に活躍できる人材」，の養成を提示している．そのためには，第一に中国語が必要であった．
127) クリスティアン・ウォルマー：「鉄道と戦争の世界史」，平岡緑訳，中央公論新社，2013年（原題："Engines of War; How Wars Were Won & Lost on the Railway", Atlantic Books Ltd., 2010）．

きたためである.

(3) 日本，特に満鉄は，現地言語を重視し，中国人との交流を密接にするために，日本人には小学校4年生から中国語を正課の授業として課した．すでに触れたように，このことは，イギリス，オランダ等ヨーロッパ諸国の植民地政策と大きく異なる点である[128]．これは，欧米の植民地が，「現地からの搾取」に重点を置いたのに対し，日本は，中国東北部で鉄道付属地のロシアの権益を譲渡を受けた時点から，南満州鉄道とその沿線の開発を円滑に進めるため，中国（当時，清国）との「共存共栄」，「共同建設」の意図が強かったためと考えることができる[129]．

(4) 1915（大正4）年には，満鉄は満鉄教育研究所を設立し，新任教師に対しては中国語・中国事情・中国地理・歴史その他満蒙に関する特殊教科などの研修を行っていた．また，北京大学等への留学制度も充実させた．加えて，「支那語教授改善ニ関スル問題」に関する中国語奨励策は「第一ニ，支那語ノ必要」，「第二ニ，課スル程度」，「第三ニ，方法」の三つに分けて述べている[130]．

　第一の「支那語ノ必要」については，満蒙開発の鍵は日本人が多数移住し，かつ永住して仕事をすることが必要であり，これら日本人が中国人と協力して仕事をするには「支那人ノ言語ヲ理解シ使用スルコトカ最モ必要テアルト謂フコトナル．一般ニ母国人カ土着人ノ言語ヲ了解スルノカ植民地経営上切要テアル」と述べている．

　この談話の意味するところは，きわめて重要である．特に「満蒙開発の鍵は日本人が多数移住し，かつ永住して仕事をすることが必要であり」と述べている点である．中華民国成立の直後からすでに，日本人の永住，満鉄への貢献の意図が示されているのである．これは，外国（当時，中華民国東北部，将来の満州国）で現地に根差した仕事を行う意思が示されていたと見ることができる．

---

128) 幣原坦：「満州観」，大阪宝文館，1916年，p. 64.
129) ① 竹中憲一：「『満州』における中国語教育」，柏書房，2004年，p. 116.
　　 ② 竹中憲一：「『満州』における教育の基礎的研究」，柏書房，2000年．
130) 満鉄地方部学務課：「満鉄教育沿革史」，1932年，p. 308.

(5) 1925（大正14）年3月満鉄総裁室は「通牒『小学校ニ中国語科加設ノ件』」を発出し，中国語を「正科に準ずる」教科とした[131]．これ以降，中国東北部の日本人小学校における正課としての中国語教育が始まり，1945年の終戦まで続いたのである．
(6) 内堀経文（当時奉天中学校校長）の日中共学論[132]—在満日本人の中国語教育開始前夜（満州国建国時）—
内堀経文は中国東北部において，日本人が現地の人と融和することの重要性について，下記のように説いている．

『満州の人と物とに通ずるには，机上の知識は遂に何の権威もあり得ぬ．直接其の人と接するに非ずんば，殊に感情の動物たる人間．幼少より同じ校舎で起居を共にして親しみを増す所以である．』[133]

また，内堀は日中共学論を支持し奉天中学校創設の趣旨について，共存共栄を目指し次のように述べている[134]．

『国際的教養に留意し，偏狭なる愛国心を去りて，よく他の長を取り以て彼我の意思を疎通し，感情を融和し，南満中学堂（筆者注：奉天の同じ敷地に設置されている中国人中学校）と共に両国親善の楔子たらしめんことを期し，支那語の一科を加へたるの意，亦此に在るのである．』[135]

内藤の見解は，純粋に教育者として，日本と満州国の共存共栄を述べたものであり，「国」間の関係においては，理想主義を唱えたものと受け止めることもできる．ただし，「個人」としては，「共栄」はよいとしても，「日本人」が「満州国」に，「日本国」として独断で原住民と「共存」することを勧奨していることについては，疑問が残る．これは先に述べた，1945年9月24日外務大臣発出の訓令「できる限り現地定着の方針」につながるものである．

131) 満鉄総裁室地方部残務整理委員会：「満鉄付属地経営沿革史」（上），p. 385.
132) 内堀経文遺稿並伝刊行会：「内堀経文遺稿並伝」，1934年，p. 810.
133) 同上．
134) 奉天二十年史刊行会編：「奉天二十年史」，1926年．
135) 同書，p. 343.

9.2.3 「現地定住」方針の転換

　日本政府は，日本国内の戦災による状況を勘案して，外地に在住する日本人に対しては，「現地定住」の方針を出したが，連合軍は日本軍の武装解除と日本内地への送還の方針を出した．しかし，この段階では満州に在住する日本人のことは考えられていなかった．満州に在住する日本の民間人のことが連合国軍側で考えられたのは，終戦の翌（1945）年1月になってからである．

　1946年1月15日から17日にかけて東京で「引揚に関する会議」が開催され，GHQ，米太平洋艦隊，西太平洋米陸軍，米第5艦隊，米第7艦隊，米第8軍，米第24軍団等の代表が参加して開かれた会議で，満州を含む全地域の残留日本人の本国送還が基本方針として決定された．これにより，すべてのアジア・太平洋地域から日本人を本国に送還するための総合的な輸送体系が構築されたのである．すなわち，日本政府の訓令「現地定着」は破棄され，一転「早期引揚実施」となったのである[136]．

9.3　満州国在住日本人に対する中国語教育の成果
　　　――日中友好

　戦後，中国においては，国民党政権から共産党政権に移行した混乱はあったものの，日中関係が比較的速やかに民間交流により進められ，日中平和友好条約が早期に締結された．これは時の政府の先見性もさることながら，多くの日本人が満州で中国語を学び，言葉でも風俗習慣においても，中国をよく理解している人がいたためである．

　歴史的にも最も関係が深く，距離的にも近い隣国であり，しかも漢字文化の国の言葉に対して現在のような中国語教育のあり方は望ましいことではない．言葉は，単なる道具ではなく，心と心をつなぐものである．語学は道具ではなく，その言葉を通して，その国を理解するためのものである．足掛け3世紀にわたって，10年一日のごとき語学教育を続けていては，国の発展はない．

　満州国時代の教育を通して，考え方も，言葉も日中双方に通じた人材が数多

---

[136] Agreements Reached at Conference on Repatriation, Jan. 1946, D. MacArthur doc. RG5/Box77/Folder3), Jan. 1946.

く養成されていた．前述のように，1945年9月24日の外務省訓令を待つまでもなく，満州国人（中国人）になってもいいと考える日本人が数多くいたのも事実である．このような人を通して日中関係は良好な関係を築きつつあった．今後は，このような関係は，人材の面からは望めないことが懸念される．言語教育制度の改善による新しい国際関係，日中関係の構築が必要である．

　日米関係でも同じであるが，国家間の交渉においても，企業間の関係においても，肝胆相照らす関係は，現地で育ち，教育を受けたものしか分からない．語学の問題プラスアルファーの要素が大きい．その意味で，現在の日本の現状を変える若い世代が生まれなければならない．その第一歩は言語を理解し，その背景にある文化を理解することである．

総　括

「満州国」に在住した日本人とその子弟に中国語教育を義務付け，五族（日満蒙鮮漢）が共存共栄をはかった意義は，三つあると考えられる．

その第一は，純粋な「満州国の建国とその発展」である．真剣に満州国の発展を願った人が大勢いた[137]．

第二は，満鉄（南満州鉄道株式会社）をさらに発展させ全満州の鉄道網を完備し，運営することであった．

「鉄道は国家権力の象徴（1935年，満州からソ連を駆逐，満鉄路線運営の成功は満鉄の言語政策にある）であった．」

広い国土の全域において鉄道建設，路線の保守・管理，運営を行っていくためには現地の人とのコミュニケーションが不可欠である．このために満鉄は当初から中国語教育，特に学校教育に力を入れた．

クリスティアン・ウォルマー[138]は，その著書の中で，「列車は国家権力を乗せて走る」といい，また，「極東への領土的野心を剥き出しにしたロシアのシベリア鉄道建設が事実上（日露）戦争を勃発させた（世界で）唯一の戦争」だったと位置付けている．

第三は，狭い国土を離れ，大陸に生活の場を求めたこと，すなわち，移民政策であり，その端的な現象は，結果としての「棄民」政策として現実のものとなった．

終戦直後の1945年9月24日，日本国外務大臣が発出した訓令「居留民はできる限り現地定着の方針」に現れている．

---

[137]　筆者注：南満州からの引揚者は，多くのものが現地中国人と長く良好な関係を保ってきており，この関係は，日中友好条約締結後に交流が復活し，良好な日中関係を保ってきた．世代が変わり，戦前の友好関係を知らない世代になり，日中関係は著しく変わってきた．

[138]　クリスティアン・ウォルマー：「鉄道と戦争の世界史」，平岡緑訳，中央公論新社，2013年（原題："Engines of War; How Wars Were Won & Lost on the Railway", Atlantic Books Ltd., 2010）．

「中国語教育の推進」と「現地との共存共栄」と終戦直後の日本政府のとった「在外日本人は可能な限り現地化せよ」という方針が，思想の底流で符合するところがある．第二次世界大戦の敗戦，満州国の消滅は，満州国の建国当初は，必ずしも明確には認識はされていなかったと思われるが，予想された伏線であったことは間違いない．これらの問題の解決のためには，満州国に住む日本人を初め，すべての人の国籍の問題が解決されなければならなかった．

　国籍の問題は種々議論されたが，未解決のまま国家が成立し，かつ，消滅した[139]．本書では，「隣国であり，かつ漢字文化発祥の地・中国での日本人の中国語の学習とその背景を明らかにすること」，および「旧満州国における小学校・中学校生徒が学習した過程を明らかにすること」を主眼として解説した．

　旧満州で小学校時代に中国語を学んだ数十万人に及ぶ日本人の語学教育の経験は，今後の語学教育にも生かさなければならない．

　南満州鉄道について言えば，「その成功は，語学教育の成果である」ということもできる．また，語学教育の成果は，敗戦直後の「日本人はできるだけ現地化せよ（中国人になれ）という誤った国の方針にもつながっていた」過去の失敗を正し，「漢字文化圏であり，隣国でもある中国の言語中国語の学習を必修科目とし，英語は高校までに完結させるのが良い．」

---

　139)　遠藤正敬：「満州国草創期における国籍創設問題―複合民族国家における『国民』の選定と帰化制度―」，早稲田大学政治経済学雑誌，No. 369，2007 年，pp. 143-161.

あとがき

　今日のように，人と人のコミュニケーションの場が広くなり，国と国との交流も盛んになってくると，好むと好まざるとを問わず，日本語以外の言語によるコミュニケーションが必要になってくる．街を歩いていても，中国語や英語が耳に入ってくることが多くなった．仕事も英語や中国語なしでは済まされない分野が多くなってきている．本書，83頁に示したように，主要言語の「母国語と外国語話者の人数」は，英語が第1位で約11億人，北京語（中国語）が第2位で約10億人である．

　外国語を習得するためには，できるだけ早い時期から外国語の学習を始めるのが良いとされており，我国でも小学校から英語を学ぶようになってきている．

　本書は，筆者が放送大学に在籍していたときに，旧満州で日本人小学生が学んだ中国語について，まとめたものを基にしている．内容は「中国語」についてであるが，「外国語」一般として考えても同じであり，外国語を話すときには，その言葉の背景にある風俗，習慣，考え方の理解やその国の歴史の理解がなければならない．

　種々な電子機器が発達してきており，音声を含め，日本語を英語に，英語を日本語に翻訳する機器も登場してきている．しかし，外国語を学習することは，翻訳機を搭載した電子機器を頭脳に装着することではない．

個人的な経験：
　筆者は旧満州の瀋陽で生まれ，その地で学齢期を過ごし，小学校の正課の授業の中で中国語を学んだ経験がある．わずかな経験ではあるが，今，当時を思い起こして，その意義を考えながら本書をまとめた．

　1991年，天安門事件の2年後から毎年中国，主として東北部を訪問しており，今もその土地の人々と交流する機会を持っている．初めは，旧満州時代の友人との旧交を温め，大学で講義をするためであったが，コミュニケーション

の範囲は次第に広がって行った．ある地方都市を訪問したとき，駅前で，「昔，駅前の満鉄の社宅に住んでいました」といったところ，「この前，（日本人の）元駅長さんが訪ねて来ましたよ」といって，普段は鍵のかかっている駅舎の中を案内してもらった．また，丹東の街で，元の満鉄病院の場所へ行く道を尋ねたところ，「今は更地になっており，新しい病院が建つことになっている」といって，わざわざ，15分位歩いて，その場所まで連れて行ってくれた．

筆者が毎年訪ねている大学の先生たちと夕食を取りながら歓談しているときに，「文革（文化大革命）のときは大変だった」という話が出てきて，それぞれ，どのような経験をしたか話してくれた[140]．

同じ瀋陽人（瀋陽生まれの人）として，大学の先生たちは同郷の人として親しくしてもらっている．しかし，筆者の中国語はまだ十分ではないので，ある中国語教室に通い，勉強を始めた．「昔，満州の小学校で少し中国語を習ったことがある」といったところ，その教師の反応は予想外のものであった．「満州は日本の植民地だった．植民地にいる日本人がどうして中国の言葉を習ったのか」「植民地では，現地の人は皆，日本語を習ったのではないか」という．考えたこともなかったので，吃驚した．

筆者が，「満州国では，日本人には中国語を，中国人には日本語を」という，相互共存共栄の政策であったことを話すと，「信じられない」という顔であった．

一方，中国からの留学生で親しくなった人が異口同音に，「日本は教科書で習ったのとは全然違う」という．

日本の教育も，中国の教育も，どちらも少し実態とはずれているのである．

第2次世界大戦の勝者と敗者

歴史とは勝者の歴史のことであり，教科書は，自国の国威発揚のために編纂されている．歴史を曲解しているわけではないが，誇りを持ち，自国の優位性を示すために歴史的事実の中から取捨選択して編纂するのが勝者の歴史教科書である．日本人の中にも，勝者の歴史を尊重しなければいけないと思い込んで

---

140) 川村邦夫：「柳絮舞うところ」丸善プラネット，2007年，pp. 23-29.

いる人がいる．しかし，一歩踏み込んで考えてみると，中国社会科学院編纂の「日本文化与現代化」[141]や「日本現代化過程中的文化変革与文化建設研究」[142]などは，日本のことを詳細に研究しており，記述も客観的で正確である．日本の主要な文献も数多く引用されている．

満州国付言

満州国の歴史については，本書の2章および3章で述べたが，少し付言する．

敗者の歴史は世に存在せず，消え去る運命にある[143]．敗者は歴史ではなく，実績を世に残せばよい．

満鉄は19世紀末にクリスティーのいう「荒涼とした人煙稀なる大地」[144]に，新幹線の原型となる当時の世界最先端・最速の列車アジア号を走らせた[145]．(Fig. 6)．その路線は今も主要な交通手段となっている．

最近，世界のエネルギー源としてシェールオイル/ガスが注目されている．シェールオイル/ガスは，1921（大正10）年に，日露戦争後の権益としてロシアから譲渡された満鉄の撫順研究所が開発し，1932年には満州発展の最重要課題の一つとなっていた[146]．また，当時，鴨緑江および松花江に建設された水豊ダム，豊満ダムは世界屈指の巨大ダムとして注目を集めていたが[147]，時を経て黒部ダムとしてその技術が引き継がれた．このように，歴史から消えても技術として残り，社会に貢献すればよいのである．

一方，1925年から1945年まで20年間，数十万人の日本人小学生に対して

---

141) 湯重南ら：「日本文化与現代化」，科学院世界歴史研究所遼海出版社，1999年．
142) 崔世広：「日本現代化過程中的文化変革与文化建設研究」，河北人民出版社，2009年．
143) 川村邦夫：「柳絮舞うところ」，丸善プラネット，2007年，p. 68．
144) クリスティー：「奉天三十年（下）」，矢内原忠雄訳，岩波新書，1938年，pp. 377-379（原題："Thirty Years in Moukden, 1883-1913", "being the experiences and recollections of Dugald Christie", edited by his wife, London, 1914）．
145) 江上輝彦：「満鉄王国―興亡の40年」サンケイ出版，1980年，pp. 183-184．
146) 1) 同書，p. 184．
    2)「東京朝日新聞―銑鉄，軽銀，シェールオイル―満鉄の新方針決定」，1932（昭和7）年9月8日．
147) 松浦茂樹：「旧満州の国土づくり（ノート）」国際地域学研究，14号，2011年，pp. 109-157．

行われた中国語教育と中国語教育者の養成内容は，あまり知られていないし，引き継がれてもいない．

　現在，我国で小学生に対する英語教育のあり方が種々議論されているのを見聞するにつけ，かつて我国が経験した「中国語教育」を，「外国語教育」の方法として生かすことができるのではないかと考えて，この書をまとめた．

　加えて，古来緊密な関係にある隣国・中国の言語は同じ漢字言語であり，世界で英語に次いで繁用されている．本書が中国語の教授・学習あるいは，今後の若年層に対する語学教育の参考になることがあれば，幸いである．

　現在，日中関係は，必ずしも良好な関係にあるとはいえない．1972年の日中共同声明以来，関係者の努力により，1978年日中平和友好条約が締結されたのも，時の政治家の努力に拠るところが大きいのはもちろんであるが，その陰で，中国語を母国語並に理解できる満州育ちの日本人がいたことを忘れてはならない．日露戦争の終結と講和には，朝河貫一，坂井徳太郎[148]が陰で活躍した．太平洋戦争の終結と講和には，白州次郎[149]の存在が挙げられる．満州で教育を受けた日本人は，すでに，高齢となり，現在の事態に対応することは望めない．今後の日中関係についてお互いの立場を真に理解できる人が出てくることを願うのみである．

　本書をまとめるに当たって，調査・研究面で終始懇篤な指導を頂いた奈良女子大学教授　谷口洋先生，放送大学准教授　宮本徹先生に感謝致します．また，この本の印刷・出版については，丸善プラネットの白石好男氏，戸辺幸美氏に大変お世話になり，本としての最後の仕上げをして頂きました．心から感謝の意を表したい．

　　2014年5月末

　　　　　　上海・浦東にある摩天楼の中のホテルの一室にて．

　　　　　　　　　　　　　　　　　　　　　　　　　　川　村　邦　夫

---

148) 清水美和：「『驕る日本』と闘った男―日露講和条約の舞台裏と朝河貫一」講談社，2005年．
149) 北康利：「白洲次郎　占領を背負った男」講談社，2005年．

付属資料

初等支那語教科書教授参考書抜粋

(1) 教科書本文全文（原典―繁体字版―に加え簡体字版も作成した．）
(2) 教科書に関連した教授参考書収載の「練習」全文と「初級支那語教科書教授参考書」の教課の部分の全文を挙げる．前半の部分は教科書と同じ内容であるが，後段の「練習」の部分は，教科書には収載されておらず，授業の際，生徒の理解度と進捗を考慮し進める部分である．教授参考書についても，原典に加え簡体字版も作成し，収載した．

　初等支那語教科書（巻一，二，三）[150] と教師用初等支那語教科書教授参考書（巻一，二，三）[151] から引用，付属資料として以下に添付する．

　なお，中国語の教科書の原文は繁体字で書かれたものであるが，現在，中国語を学習している人が読みやすいように原文（繁体字版）に加え，簡体字に書き改めた版を加えた．文（欄）末に付した（＊）は，東北話と普通話あるいは旧語と新語の差異を示している．

---

150) 「初等支那語教科書　巻一」，関東局在満教務部教科書編纂部，1937 年；「巻二」，1937 年；「巻三」，1941 年．「巻一」，関東局，1944 年改訂．教科書：「対話形式」に改訂されている部分が多い．
151) 「初等支那語教科書教授参考書　巻一」，1937 年；「巻二」，1937 年；「巻三」，1941 年．

原刻本（繁体字版）　初等支那語教科書[150]，教師用初等支那語教科書教授参考書[151]

原本　第一巻

（第一）	（第二）	（第三）
你來	來了嗎	有沒有
我去	來了	有
他來不來	走了嗎	有甚麼
他不來	走了	有書和筆
你去不去	快走	還有甚麼
我不去	慢走	還有紙
（練習）	（練習）	（練習）
你去嗎	他走了嗎	有東西嗎
我去	他沒走	有東西
他去嗎	你去了嗎	有甚麼東西
他不去	我沒去	有鋼筆
你來嗎	都來了嗎	沒有鉛筆嗎
我不來	都來了	沒有鉛筆
他來嗎	都走了嗎	還有嗎
他來	都走了	還有
你來罷	走吧	墨　硯臺
你去罷	你去罷	墨水兒　小刀子

---

150) 「初等支那語教科書　卷一」，関東局在満教務部教科書編纂部著作兼発行，1941年3月30日発行；「卷一」，関東局著作，1941年3月30日改訂.
151) 「初等支那語教科書教授参考書　卷一」，1937年4月5日発行.

初等支那語教科書，教師用初等支那語教科書教授参考書簡体字版

簡体字文責：川村邦夫

第一巻　簡体字版

（第一）	（第二）	（第三）
你来	来了吗	有没有
我去	来了	有
他来不来	走了吗	有什么
他不来	走了	有书和笔
你去不去	快走	还有什么
我不去	慢走	还有纸
（练习）	（练习）	（练习）
你去吗	他走了吗	有东西吗
我去	他没走	有东西
他去吗	你去了吗	有什么东西
他不去	我没去	有钢笔
你来吗	都来了吗	没有铅笔吗
我不来	都来了	没有铅笔
他来吗	都走了吗	还有吗
他来	都走了	还有
你来吧	走吧	墨　砚台
你去吧	你去吧	墨水儿　小刀子

原本　第一卷

（第四）	（第五）	（第六）
一 二 三 四 五 六 七 八 九 十 十一　十五 二十三　五十 六十九　一百 (練習) 二十 三十 四十 五十 六十 七十 八十 九十 四十一　八十八 二百　一千　兩千 七千五百三十六 一萬　二萬　兩萬 十萬 一十萬 一百萬 一百零八　一千二百零六 一千零二十七　一萬零七 二百五　二百零五 二千五　二千零五	好不好 對不對 行不行 一樣不一樣 明白不明白 (練習) 好嗎 對嗎 行嗎 一樣嗎 明白嗎 知道不知道	要不要 要 你要多少 我要五個 他們要不要 他們不要罷 一個兩個 三個四個 (練習) 你要甚麼 我要杏兒 你要幾個 我要六個 誰要 你不要嗎 七個　八個 九個　十個 十一個　十二個

第一卷　簡体字版

（第四）	（第五）	（第六）
一 二 三 四 五 六 七 八 九 十 十一　十五 二十三　五十 六十九　一百 (练习) 二十 三十 四十 五十 六十 七十 八十 九十 四十一　八十八 二百　一千　两千 七千五百三十六 一万　二万　两万 十万　一十万　一百万 一百零八　一千二百零六 一千零二十七　一万零七 二百五　二百零五 二千五　二千零五	好不好 对不对 行不行 一样不一样 明白不明白 (练习) 好吗 对吗 行吗 一样吗 明白吗 知道不知道	要不要 要 你要多少 我要五个 他们要不要 他们不要吧 一个两个 三个四个 (练习) 你要什么 我要杏儿 你要几个 我要六个 谁要 你不要吗 七个　八个 九个　十个 十一个　十二个

原本　第一卷

（第七）	（第八）	（第九）
這個好嗎	你們看看	這是誰的帽子
不好	他做甚麼	那是我的
哪個好	他寫字哪	那是誰的衣裳
那個好	寫甚麼字呢	這是他的
給你那個罷	寫"書"字兒哪	那是你的嗎
謝謝		那不是我的
	（練習）	
（練習）	畫甚麼畫兒	（練習）
你給我	念甚麼書	這是你的嗎
我給你	看甚麼報	這是我的
你給他	這是甚麼字	那是他的嗎
不給他	那是甚麼畫兒	那不是他的
你給誰	畫畫兒	那是誰的
我給他	看報	那是你的罷
給我罷	會寫	這不是我的
不給你	不會寫	是你的
哪個是鉛筆		外套
這個是鉛筆		褲子　襪子
不要這個		帶子
要那個		

第一卷　簡体字版

（第七）	（第八）	（第九）
这个好吗	你们看看	这是谁的帽子
不好	他做什么	那是我的
哪个好	他写字哪	那是谁的衣裳
那个好	写什么字呢	这是他的
给你那个吧	写"书"字儿哪	那是你的吗
谢谢		那不是我的
	(练习)	
(练习)	画什么画儿	(练习)
你给我	念什么书	这是你的吗
我给你	看什么报	这是我的
你给他	这是什么字	那是他的吗
不给他	那是什么画儿	那不是他的
你给谁	画画儿	那是谁的
我给他	看报	那是你的吧
给我吧	会写	这不是我的
不给你	不会写	是你的
哪个是铅笔		外套
这个是铅笔		裤子　袜子
不要这个		带子
要那个		

原本　第一卷

（第十）	（第十一）	（第十二）
父親	這是甚麼	這兒
母親	那是學校	那兒
哥哥	先生做甚麼呢	拿來
妹妹	先生教書哪	拿去
小孩兒	學生做甚麼呢	那兒有桌子
有幾個人	學生用功哪	這兒沒有椅子
有六個人		拿椅子來
我們一塊兒吃飯	(練習)	
	先生教	(練習)
(練習)	學生聽	這兒有
他是甚麼人	功課完了嗎	那兒有
他是我的哥哥	功課完了	哪兒有
你有幾個妹妹	放假	你在哪兒
我有兩個妹妹	沒有功課	我在這兒
他們做甚麼	好好兒念書	他在哪兒
他們一塊兒吃飯	天天兒念書	他在那兒
菜　筷子	念完了	
飯碗　茶碗		

第一卷　簡体字版

（第十）	（第十一）	（第十二）
父亲	这是什么	这儿
母亲	那是学校	那儿
哥哥	先生做什么呢	拿来
妹妹	先生教书哪	拿去
小孩儿	学生做什么呢	那儿有桌子
有几个人	学生用功哪	这儿没有椅子
有六个人		拿椅子来
我们一块儿吃饭	(练习)	
	先生教	(练习)
(练习)	学生听	这儿有
他是什么人	功课完了吗	那儿有
他是我的哥哥	功课完了	哪儿有
你有几个妹妹	放假	你在哪儿
我有两个妹妹	没有功课	我在这儿
他们做什么	好好儿念书	他在哪儿
他们一块儿吃饭	天天儿念书	他在那儿
菜　筷子	念完了	
饭碗　茶碗		

原本　第一卷

（第十三）	（第十四）	（第十五）
鐘錶	你吃甚麼	開窗戶
大	我吃點心	開門
小	他吃甚麼	你去
快一點兒	他吃果子	我出去
慢一點兒	吃飯了嗎	姐姐進來
現在幾點鐘	還沒哪	兄弟出門兒
現在兩點鐘		弟兄
	（練習）	姐妹
（練習）	吃了嗎	
幾點鐘	沒吃	（練習）
一點鐘	怎麼不吃	開門進來
一點半鐘	不愛吃	開門進去
十二點鐘	你餓不餓	開門出來
快不快	我餓了	開門出去
不快	你餓了罷	開門了嗎
慢不慢	我要吃飯	我沒開門
不慢	還要不要	別進來
整　對嗎	再不要	別開窗戶
整　對		拿進來
		拿出去

第一卷　簡体字版

（第十三）	（第十四）	（第十五）
钟表	你吃什么	开窗户
大	我吃点心	开门
小	他吃什么	你去
快一点儿	他吃果子	我出去
慢一点儿	吃饭了吗	姐姐进来
现在几点钟	还没哪	兄弟出门儿
现在两点钟		弟兄
	（练习）	姐妹
（练习）	吃了吗	
几点钟	没吃	（练习）
一点钟	怎么不吃	开门进来
一点半钟	不爱吃	开门进去
十二点钟	你饿不饿	开门出来
快不快	我饿了	开门出去
不快	你饿了吧	开门了吗
慢不慢	我要吃饭	我没开门
不慢	还要不要	别进来
整　对吗	再不要	别开窗户
整　对		拿进来
		拿出去

原本　第一卷

（第十六）	（第十七）
你上哪兒去	多兒錢
我上街去	三毛錢一個
做甚麼去	那個多兒錢
買東西去	那個四毛錢
這是買的嗎	您買嗎
是買的	我要買
	貴不貴
（練習）	不貴
你上哪兒去了	一分錢　五分錢
我上市場去了	一毛錢　一塊錢
市場裡人多嗎	
是 不錯	（練習）
東西怎麼樣	太貴了
甚麼東西都有	便宜
買賣	價錢貴
做買賣	少算點兒罷
賣甚麼	二分錢　三分錢
賣東西	四分錢　六分錢
	兩毛錢　四毛錢
	八毛錢　九毛錢
	兩塊錢　三塊錢
	十一塊五毛錢
	一百四十九塊六毛錢

第一卷　簡体字版

（第十六）	（第十七）
你上哪儿去	多儿钱*1
我上街去	三毛钱一个
做什么去	那个多儿钱
买东西去	那个四毛钱
这是买的吗	您买吗
是买的	我要买
	贵不贵
（练习）	不贵
你上哪儿去了	一分钱　五分钱
我上市场去了	一毛钱　一块钱
市场里人多吗	
是　不错	（练习）
东西怎么样	太贵了
什么东西都有	便宜
买卖	价钱贵
做买卖	少算点儿吧
卖什么	二分钱　三分钱
卖东西	四分钱　六分钱
	两毛钱　四毛钱
	八毛钱　九毛钱
	两块钱　三块钱
	十一块五毛钱
	一百四十九块六毛钱

---

*1 多儿钱（東北話）= 多少钱（普通話）

原本　第二卷

（第一）	（第二）	（第三）
早起做甚麼	今天幾號	春天
刷牙	今天二十一號	暖和
漱口	禮拜幾	杏花兒
洗臉	禮拜二	桃花兒
拿甚麼洗臉	多喒 禮拜	都開了
拿水洗臉	明天禮拜	草長出來了
		很好看
（練習）	（練習）	
拿胰子洗	日子	（練習）
拿手巾擦	過日子	梨花兒開了
拿熱水洗手	一天	桃花兒還沒開
拿凉水漱口	兩天	杏花兒是甚麼顏色的
牙刷子	一號	杏花兒是紅的
牙粉	二號	花兒很好看
洗臉盆	幾兒	白的
	後天	黃的
	大後天	藍的
	昨天	
	前天	
	大前天	
	禮拜一	
	禮拜二	
	禮拜三	
	禮拜四	
	禮拜五	
	禮拜六	
	一個禮拜	
	一個星期	
	今兒 幾兒了	

第二卷　簡体字版

（第一）	（第二）	（第三）
早起做什么	今天几号	春天
刷牙	今天二十一号	暖和
漱口	礼拜*3几	杏花儿
洗脸	礼拜二	桃花儿
拿什么洗脸	多咱*4 礼拜	都开了
拿水洗脸	明天礼拜	草长出来了
		很好看
（练习）	（练习）	
拿胰子*2洗	日子	（练习）
拿手巾擦	过日子	梨花儿开了
拿热水洗手	一天	桃花儿还没开
拿凉水漱口	两天	杏花儿是什么颜色的
牙刷子	一号	杏花儿是红的
牙粉	二号	花儿很好看
洗脸盆	几儿*5	白的
	后天	黄的
	大后天	蓝的
	昨天	
	前天	
	大前天	
	礼拜一	
	礼拜二	
	礼拜三	
	礼拜四	
	礼拜五	
	礼拜六	
	一个礼拜	
	一个星期	
	今儿*6 几儿了	

---

*2 胰子（方）＝肥皂

*3 礼拜（口）＝星期
*4 多咱（方）＝什么时候
*5 几儿（方）＝几号
*6 今儿（方）＝今天

原本　第二卷

（第四）	（第五）	（第六）
這是公園	那是誰的房子	夏天
你進去過嗎	是王先生的家	天氣熱
我進去過	你怎麼知道哪	海邊兒
裡頭有甚麼	他是我的親戚	人很多
有池子	傍邊兒有樹	你會浮水嗎
有花兒洞子	前邊兒有院子	我會一點兒
一塊兒進去罷		喈們浮水去罷
	（練習）	我現在有事
（練習）	平房	不能去
公園裡有運動場	樓房	
花園兒裡有花兒	樓上	（練習）
池子裡魚多		夏天來到了
養活着猴兒哪		漸漸兒地熱起來了
很多（的）人看着哪		汗出的很多
樹栽着哪		傳染病流行
花兒開着哪		放暑假
		釣魚
		坐船
		洗海澡

第二卷　簡体字版

（第四）	（第五）	（第六）
这是公园	那是谁的房子	夏天
你进去过吗	是王先生的家	天气热
我进去过	你怎么知道哪	海边儿
里头有什么	他是我的亲戚	人很多
有池子	旁边儿有树	你会浮水*7吗
有花儿洞子	前边儿有院子	我会一点儿
一块儿进去吧		咱们浮水去吧
	（练习）	我现在有事
（练习）	平房	不能去
公园里有运动场	楼房	
花园儿里有花儿	楼上	（练习）
池子里鱼多		夏天来到了
养活着猴儿哪		渐渐儿地热起来了
很多（的）人看着哪		汗出得很多
树栽着哪		传染病流行
花儿开着哪		放暑假
		钓鱼
		坐船
		洗海澡

*7 浮水（方）= 游泳

原本　第二卷

（第七）	（第八）	（第九）
雨住了嗎	太陽落了	有眼睛
還沒住哪	天黑了	所以能看
道兒怎麼樣	把電燈開開	有耳朵
不好走	屋裡亮	所以能聽
街上人多不多	外頭黑	有嘴
街上人少	洋火　洋燈	所以能吃東西
	點燈　滅燈	鼻子
（練習）		腦袋
下雨大	（練習）	手和腿
道兒不好走	日頭落在西邊兒	
天晴了	今兒晚上有月亮	（練習）
看見太陽了	夜裡好用功	臉上有甚麼
不要雨傘了	睡覺了	臉上有眼睛
要旱傘	還沒睡覺	身子上有甚麼
要下雨	怎麼不睡覺	身子上有腦袋
不出門兒	我不困	頭髮在哪兒
要出去	這個電燈很亮	在腦袋上
拿洋傘去	那個電燈不亮	嘴裡有甚麼
		有舌頭和牙
		拿耳朵做甚麼
		是聽聲兒

第二卷　簡体字版

（第七）	（第八）	（第九）
雨住了吗	太阳落了	有眼睛
还没住哪	天黑了	所以能看
道儿怎么样	把电灯开开	有耳朵
不好走	屋里亮	所以能听
街上人多不多	外头黑	有嘴
街上人少	洋火　洋灯	所以能吃东西
	点灯　灭灯	鼻子
(练习)		脑袋
下雨大	(练习)	手和腿
道儿不好走	日头落在西边儿	
天晴了	今儿晚上有月亮	(练习)
看见太阳了	夜里好用功	脸上有什么
不要雨伞了	睡觉了	脸上有眼睛
要旱伞	还没睡觉	身子上有什么
要下雨	怎么不睡觉	身子上有脑袋
不出门儿	我不困	头发在哪儿
要出去	这个电灯很亮	在脑袋上
拿洋伞去	那个电灯不亮	嘴里有什么
		有舌头和牙
		拿耳朵做什么
		是听声儿

原本　第二卷

（第十）	（第十一）	（第十二）
野地	到了秋天了	你愛吃果子嗎
牲口	天氣很凉快	是　我很愛吃
牛馬羊	苹果	愛吃甚麼果子
馬做甚麼呢	梨	愛吃甜的
馬耕地哪	柿子	不愛吃酸的
驢	栗子	點心呢
猪	都熟了	也愛吃
	樹葉兒也快落了	餅乾
（練習）		牛奶糖
野地裡有甚麼	（練習）	
有牲口	高粱已經熟了	（練習）
有甚麼牲口	栗子已經上市了	愛喝
牛馬和羊	早晚兒凉快多了	不愛喝
牲口在哪兒呢		甜的好吃
在野地裡哪		苦的不好吃
樹上有鳥兒		少吃點兒
樹底下有人		多用點兒
		麵包
		饅頭
		蛋糕

第二卷　簡体字版

（第十）	（第十一）	（第十二）
野地	到了秋天了	你爱吃果子吗
牲口	天气很凉快	是　我很爱吃
牛马羊	苹果	爱吃什么果子
马做什么呢	梨	爱吃甜的
马耕地哪	柿子	不爱吃酸的
驴	栗子	点心呢
猪	都熟了	也爱吃
	树叶儿也快落了	饼干
(练习)		牛奶糖
野地里有什么	(练习)	
有牲口	高粱已经熟了	(练习)
有什么牲口	栗子已经上市了	爱喝
牛马和羊	早晚儿凉快多了	不爱喝
牲口在哪儿呢		甜的好吃
在野地里哪		苦的不好吃
树上有鸟儿		少吃点儿
树底下有人		多用点儿
		面包
		馒头
		蛋糕

原本　第二卷

（第十三）	（第十四）	（第十五）
要雞子兒不要	媽媽做菜	冬天
多兒錢一個	拿甚麼做呀	下雪
四個子兒一個	拿白菜	颳北風
沒有壞的嗎	蘿蔔	洋爐子裡有火
沒有　都是好的	還有肉甚麼的	屋裡很暖和
您要多少	做得了就開飯	我們溜冰
我要十個		添煤
您給我三毛八	（練習）	生火
	母親在哪兒做飯	
（練習）	在厨房裡做飯	（練習）
您要買甚麼	這個菜怎麼樣	現在是甚麼時候兒
要買新鮮魚	很好吃	現在是冬天
有好的嗎	牛肉猪肉哪個好吃	外頭冷不冷
都是新鮮的	都好吃	外頭很冷
這賣多兒錢	厨子　煮飯	凍冰了
賣一毛五	預備飯	化了
貴點兒吧	酱油　鹽　醋	掃掃雪
不貴		煤鏟子
這很便宜		煤斗兒

第二卷　简体字版

（第十三）	（第十四）	（第十五）
要鸡子儿不要	妈妈做菜	冬天
多儿钱一个	拿什么做呀	下雪
四个子儿一个	拿白菜	刮北风
没有坏的吗	萝卜	洋炉子里有火
没有　都是好的	还有肉什么的	屋里很暖和
您要多少	做得了就开饭	我们溜冰
我要十个		添煤
您给我三毛八	(练习)	生火
	母亲在哪儿做饭	
(练习)	在厨房里做饭	(练习)
您要买什么	这个菜怎么样	现在是什么时候儿
要买新鲜鱼	很好吃	现在是冬天
有好的吗	牛肉猪肉哪个好吃	外头冷不冷
都是新鲜的	都好吃	外头很冷
这卖多儿钱	厨子*8　煮饭	冻冰了
卖一毛五	预备饭	化了
贵点儿吧	酱油　盐　醋	扫扫雪
不贵		煤铲子
这很便宜		煤斗儿

---

*8 厨子 (旧) = 厨师

原本　第二卷

(第十六)	(第十七)	(第十八)
街上有各樣兒的車	你今年多大了	這是我們的學校
洋車	我十二歲了	學生有五百多人
馬車	他哪	先生有二十多位
汽車	他比我大	前邊兒有花園兒
還有電車	大幾歲	後邊兒有運動場
汽車快	大兩歲	樓上有禮堂
洋車快	弟兄幾個哪	樓下有教室
來往的很熱鬧	弟兄四個人	
火車　自行車		(練習)
	(練習)	運動場裡有人嗎
(練習)	他幾歲	有學生
我要坐車	他四歲	他們做甚麼呢
坐甚麼車	你幾歲	現在上體操呢
坐汽車	我十二歲	你們的教室在哪兒啊
汽車走的快	他多大了	在樓下
走的很快	十一歲了	那麼禮堂呢
比電車還快	多大歲數兒	在樓上
來往的走	三十五	
騎自行車	歲數兒大	
騎馬	歲數兒小	
不會騎		

第二卷　簡体字版

（第十六）	（第十七）	（第十八）
街上有各样儿的车	你今年多大了	这是我们的学校
洋车	我十二岁了	学生有五百多人
马车	他哪	先生有二十多位
汽车	他比我大	前边儿有花园儿
还有电车	大几岁	后边儿有运动场
汽车快	大两岁	楼上有礼堂
洋车快	弟兄几个哪	楼下有教室
来往的很热闹	弟兄四个人	
火车　自行车		（练习）
	（练习）	运动场里有人吗
（练习）	他几岁	有学生
我要坐车	他四岁	他们做什么呢
坐什么车	你几岁	现在上体操呢
坐汽车	我十二岁	你们的教室在哪儿啊
汽车走得快	他多大了	在楼下
走得很快	十一岁了	那么礼堂呢
比电车还快	多大岁数儿	在楼上
来往的走	三十五	
骑自行车	岁数儿大	
骑马	岁数儿小	
不会骑		

原本　第三卷

（第一）	（第二）	（第三）
天亮了 太陽出來了 鳥兒也叫了 人都起來了 吃完了早飯 就上學去 （練習） 早起　甚麼時候兒起來呢 六點鐘起來 七點鐘起來 你們早起做甚麼呢 刷牙 漱口 洗臉 吃飯 吃完了飯上哪兒去 上學校去 背書包 戴帽子 穿鞋 同妹妹一塊兒去 和同學們一塊兒去 天亮了嗎 天還沒亮 甚麼時候兒天亮呢 到五點鐘就亮了 太陽出來就亮 太陽出來了嗎 太陽出來了 人也起來了 　哥哥 　兄弟　}　也起來了嗎 　妹妹 他們都起來了 樹上有甚麼 樹上有小鳥兒 有幾隻小鳥兒 有三隻小鳥兒 你家裡有小鳥兒嗎 有一隻小鳥兒 他會叫嗎 叫得很好聽	屋裡不乾净了 得打掃打掃 　拿撢子撢 　拿笤箒掃 　拿抹布擦 打掃完了 很乾净了 　簸箕　撮土 （練習） 你們看看這屋裡 乾净不乾净 很不乾净 昨天沒打掃（了）罷 是沒打掃 拿笤箒來掃一掃地板 拿抹布來擦一擦黑板 拿撢子來撢一撢桌子 拿簸箕來撮土吧 地板掃乾净了 黑板擦乾净了 桌子也撢了 都很乾净了 放課了 打掃打掃罷 先開開窗户 以後掃地板罷 拿簸箕撮土罷 拿水桶打水來罷 水拿來了 抹一抹地板罷 地板抹好了 哥哥做甚麼 他拿笤箒掃地板 弟弟做甚麼 他拿撢子撢桌子 妹妹做甚麼 他拿抹布擦玻璃	冰都化了 小河流着呢 水裡有魚 池子有鴨子 草木也發芽兒了 櫻花也開了 （練習） 現在到了春天了 春天的天氣怎麼樣 天氣暖和 冬天的天氣怎麼樣 冬天很冷 下雪颳北風 池子都凍冰了 小河也凍冰了 到了春天就暖和了 河裏的冰都化了 池子裏的冰也化了 草發芽兒了 院子裏的樹葉兒 也發芽兒了 公園裏的櫻花 也快要開了罷 池子裏有幾隻鴨子 一共有十一隻鴨子 這邊兒有一所小房子 房子傍邊兒 有一棵櫻花樹 樹底下 有三隻小鷄兒 小鷄兒做甚麼 找東西吃 小鷄兒會浮水不會 他不會浮水 池子裏有魚沒有 有小魚　很多哪

第三卷　简体字版

（第一）	（第二）	（第三）
天亮了 太阳出来了 鸟儿也叫了 人都起来了 吃完了早饭 就上学去 （练习） 早起*9 什么时候儿起来呢 六点钟起来 七点钟起来 你们早起做什么呢 刷牙 漱口 洗脸 吃饭 吃完了饭上哪儿去 上学校去 背书包 戴帽子 穿鞋 同妹妹一块儿去 和同学们一块儿去 天亮了吗 天还没亮 什么时候儿天亮呢 到五点钟就亮 太阳出来就亮 太阳出来了吗 太阳出来了 人也起来了 　哥哥 　兄弟　　也起来了吗 　妹妹 他们都起来了 树上有什么 树上有小鸟儿 有几只小鸟儿 有三只小鸟儿 你家里有小鸟儿吗 有一只小鸟儿 他会叫吗 叫得很好听 *9 早起（方）＝早晨	屋里不干净了 得打扫打扫 　拿掸子掸 　拿笤帚扫 　拿搌布擦 打扫完了 很干净了 　簸箕　撮土 （练习） 你们看看这屋里 干净不干净 很不干净 昨天没打扫（了）吧 是没打扫 拿笤帚来扫一扫地板 拿搌布来擦一擦黑板 拿掸子来掸一掸桌子 拿簸箕来撮土吧 地板扫干净了 黑板擦干净了 桌子也掸了 都很干净了 放课了 打扫打扫吧 先开开窗户 以后扫地板吧 拿簸箕撮土吧 拿水桶打水来吧 水拿来了 抹一抹地板吧 地板抹好了 哥哥做什么 他拿笤帚扫地板 弟弟做什么 他拿掸子掸桌子 妹妹做什么 她拿搌布擦玻璃	冰都化了 小河流着呢 水里有鱼 池子有鸭子 草木也发芽儿了 樱花也开了 （练习） 现在到了春天了 春天的天气怎么样 天气暖和 冬天的天气怎么样 冬天很冷 下雪刮北风 池子都冻冰了 小河也冻冰了 到了春天就暖和了 河里的冰都化了 池子里的冰也化了 草发芽儿了 院子里的树叶儿 也发芽儿了 公园里的樱花 快要开了吧 池子里有几只鸭子 一共有十一只鸭子 这边儿有一所小房子 房子旁边儿 有一棵樱花树 树底下 有三只小鸡儿 小鸡儿做什么 找东西吃 小鸡儿会浮水不会 它不会浮水 池子里有鱼没有 有小鱼　很多哪

原本　第三卷

（第四）	（第五）	（第六）
借光　借光 您來了　請進來罷 是　您現在没事嗎 没甚麼事　請坐 您請坐 您請喝茶 謝謝 我要告辭了 再見　再見 （練習） 借光　借光 ○○先生在家嗎 在家　您貴姓 我姓○○ 您少等一等 ○○君　您來了 請裏頭坐罷 您打哪兒來 我打家裡來（了） 今天有甚麼事 我來借您一本書 您要借甚麼書呢 我要借算術本兒 好　您拿去罷 您請坐 請坐　請坐 您請喝茶 謝謝 請用點兒點心罷 天不早了　我要告辭 忙甚麼哪　再坐會兒罷 改天再來 您走嗎 請 { 教 　　給我 　　先走 　　吃飯 　　看看 没甚麼 { 好吃的東西 　　　　忙的 　　　　好菜 　　　　好東西 我要 { 走 　　　出去 　　　買東西去 　　　喝茶	您上哪兒去 我上新京去 您一個人去嗎 不是一個人 　　還有兩個朋友 您打算去多少天 我打算去三天 (補充語) 說話　火車站 上車　一路平安 日本　回來 (練習) 他是日本人 後邊兒有兩個人 他們是朋友 這位是滿洲人 也是他的朋友 這兒是火車站 人很多 火車快要開了 有一位日本人和兩個朋友 一塊兒要上新京去 在火車站上 見着一位滿洲人 滿洲人說 "您上哪兒去" 日本人說 "我上新京去" 滿洲人說 "你一個人去嗎" 日本人說 "不是 後邊兒有兩位朋友 和他們一塊兒去" 滿洲人說 "您多喒回來" 日本人說 "我打算去三天 　　下禮拜二回來" 滿洲人說 "車要開了　請上車罷" 日本人說 "再見　再見" 滿洲人說 "您一路平安"	您在哪兒住 我在奉天住 到這兒幾年了 已經三年了 您上日本去過嗎 我去過兩回了 (練習) 有一回我坐火車上新京去 到了奉天來了一位滿洲人 坐在我的傍邊兒 我和他說話 他在奉天住 也是學校的先生 他來到奉天已經三年了 他也去過日本 也會說日本話 在 { 這兒 　　那兒 　　大連 　　新京 } 住 到 { 那兒　去 　　這兒　來 　　學校　去 　　過　日本 上 { 新京 　　旅順 　　吉林 　　北京 } 去過嗎 已經 { 走了 　　　去了 　　　吃了 　　　完了 　　　念了 　　　掃了

第三卷　簡体字版

（第四）	（第五）	（第六）
借光　借光 您来了　请进来吧 是　您现在没事吗 没什么事　请坐 您请坐 您请喝茶 谢谢 我要告辞了 再见　再见 （练习） 借光　借光 ○○先生在家吗 在家　您贵姓 我姓○○ 您少等一等 ○○君　您来了 请里头坐吧 您打哪儿来 我打家里来（了） 今天有什么事 我来借您一本书 您要借什么书呢 我要借算数本儿 好　您拿去吧 您请坐 请坐　请坐 您请喝茶 谢谢 请用点儿点心吧 天不早了　我要告辞 忙什么哪　再坐会儿吧 改天再来 您走吗 请 { 教 　　给我 　　先走 　　吃饭 　　看看 } 没什么 { 好吃的东西 　　　　忙的 　　　　好菜 　　　　好东西 } 我要 { 走 　　　出去 　　　买东西去 　　　喝茶 }	您上哪儿去 我上新京去 您一个人去吗 不是一个人 　还有两个朋友 您打算去多少天 我打算去三天 （补充语） 说话　火车站 上车　一路平安 日本　回来 （练习） 他是日本人 后边儿有两个人 他们是朋友 这位是满洲人 也是他的朋友 这儿是火车站 人很多 火车快要开了 有一位日本人和两个朋友 一块儿要上新京去 在火车站上 见着一位满洲人 满洲人说 "您上哪儿去" 日本人说 "我上新京去" 满洲人说 "你一个人去吗" 日本人说 "不是 后边儿有两位朋友 和他们一块儿去" 满洲人说 "您多咱回来" 日本人说 "我打算去三天 　下礼拜二回来" 满洲人说 "车要开了　请上车吧" 日本人说 "再见　再见" 满洲人说 "您一路平安"	您在哪儿住 我在奉天住 到这儿几年了 已经三年了 您上日本去过吗 我去过两回了 （练习） 有一回我坐火车上新京去 到了奉天来了一位满洲人 坐在我的旁边儿 我和他说话 他在奉天住 也是学校的先生 他来到奉天已经三年了 他也去过日本 也会说日本话 在 { 这儿 　　那儿 　　大连 　　新京 } 住 到 { 那儿　去 　　这儿　来 　　学校　去 　　过　日本 } 上 { 新京 　　旅顺 　　吉林 　　北京 } 去过吗 已经 { 走了 　　　去了 　　　吃了 　　　完了 　　　念了 　　　扫了 }

原本　第三卷

（第七）	（第七続き）	（第八）
他是甚麼人	快不快	飛機　飛機
他是買賣人	很快	有時高　有時低
他做甚麼買賣	多兒錢一把	請你落下來
他開點心舖	兩毛錢一把	我要坐上去
這是甚麼舖子	太貴了　貴一點兒	
那是雜貨舖	少一點兒罷	飛機　飛機
舖子裡有甚麼東西	我們不能多算	纔飛來　就飛去
各樣兒的東西都有	他是掌櫃的	怎麼這樣快
	他是雜貨舖的夥計	怎麼這樣急
（補充語）	他是學校的夥計	
掌櫃的　夥計　文具	他是我的朋友	（練習）
		小孩子看甚麼
（練習）		看飛機
兩個小學生	他做甚麼買賣	飛機打哪兒來了
在雜貨舖前邊兒說着話	他開鐘錶舖	打東邊兒飛來了
一個是日本人	果子舖	他飛的快不快
一個是滿洲人	雜貨舖	飛的很快
他們是朋友	文具舖	你坐過飛機嗎
		我沒坐過
那是水果舖	那個大樓是甚麼	
有苹果　有梨	那是百貨店	飛機都怎麼樣飛
有柿子　還有栗子	店裏賣甚麼東西	有時高　有時低
你愛吃水果嗎	有文具	纔飛來　又飛去
我很愛吃水果	有傢具	
你愛吃甚麼	有鐘錶	鳥兒｛落下來了／飛來了
我愛吃的是柿子	有吃的東西	飛機｛飛上去了
	有水果	
我要買點心	有魚和肉	
那兒有點心舖	有點心	有時｛來／去／快／有／賣／好／熱｝｛不來／不去／慢／沒有／買／不好／冷｝
咱們去看看罷	有衣裳	
我要買小刀子		
那兒有文具舖		
咱們去買罷		
掌櫃的　有小刀嗎		
有　這是很好的		

第三卷　簡体字版

（第七）		（第八）
他是什么人	快不快	飞机　飞机
他是买卖人	很快	有时高　有时低
他做什么买卖	多儿钱一把	请你落下来
他开点心铺	两毛钱一把	我要坐上去
这是什么铺子	太贵了　贵一点儿	
那是杂货铺	少一点儿吧	飞机　飞机
铺子里有什么东西	我们不能多算	才飞来　就飞去
各样儿的东西都有	他是掌柜的	怎么这样快
	他是杂货铺的伙计	怎么这样急
（补充语）	他是学校的伙计	
掌柜的*10　伙计*11　文具	他是我的朋友	（练习）
		小孩子看什么
（练习）	他做什么买卖	看飞机
两个小学生	他开钟表铺	飞机打哪儿来了
在杂货铺前边儿说着话	果子铺	打东边儿飞来了
一个是日本人	杂货铺	他飞得快不快
一个是满洲人	文具铺	飞得很快
他们是朋友		你坐过飞机吗
	那个大楼是什么	我没坐过
那是水果铺	那是百货店	
有苹果　有梨	店里卖什么东西	飞机都怎么样飞
有柿子　还有栗子	有文具	有时高　有时低
你爱吃水果吗	有家具	才飞来　又飞去
我很爱吃水果	有钟表	
你爱吃什么	有吃的东西	鸟儿｛落下来了／飞来了
我爱吃的是柿子	有水果	飞机｛飞上去了
	有鱼和肉	
我要买点心	有点心	
那儿有点心铺	有衣裳	
咱们去看看吧		有时｛来／去／快／有时／卖／好／热｝｛不来／不去／慢／没有／买／不好／冷｝
我要买小刀子		
那儿有文具铺		
咱们去买吧	————	
掌柜的　有小刀吗	*10　掌柜（旧）＝店主	
有　这是很好的	*11　伙计（旧）＝店员	

原本　第三卷

（第八）	（第九）	（第十）
上｛車／船／山｝	天氣怎麼樣啊 今天是好天氣 有風嗎 沒有風 　也沒有雲彩	今天是星期幾 今兒星期三 有幾堂功課 有五堂功課 上午　是修身　算術　國語 下午　是體操　圖畫 一個星期是七天
坐｛洋車／馬車／汽車｝	洗衣裳 　　曬舖蓋 　　溜達	（練習）
纔｛去了／回來了／吃了／洗了／完了／掃了｝	（補充語） 天晴了　女人 （練習） 今天天氣好 一點兒雲彩也沒有 一點兒風也沒有 天氣很暖和	星期　　　禮拜 星期一　　禮拜一 星期二　　禮拜二 星期三　　禮拜三 星期四　　禮拜四 星期五　　禮拜五 星期六　　禮拜六 一個星期 一個禮拜 這個禮拜 上禮拜 下禮拜
怎麼這樣○○ 　　——多 　　——少 　　——大 　　——慢 　　——貴 　　——不下雨 　　——不好	小河的傍邊兒 也有鴨子　也有豬 有一個女人 在小河裏洗衣裳 有兩個小孩兒 看看飛機 天氣怎麼樣呢 風颳起來了 雨下起來了 天氣壞了 道兒不好走 天氣好了嗎 風也住了 雨也住了 天晴了 噿們溜達去罷	明天都有甚麼功課 頭一堂　是修身 第二堂　是國語 第三堂　是算術 第四堂　是體操 下晌　頭一堂是手工 第二堂　是圖畫 明兒　沒有寫字嗎 沒有！　唱歌　歷史 地理　理科　也都沒有 星期六　有幾堂功課 有四堂功課

第三卷　簡体字版

（第八）	（第九）	（第十）
上 { 车 / 船 / 山	天气怎么样啊 今天是好天气 有风吗 没有风 　也没有云彩	今天是星期几 今儿星期三 有几堂功课 有五堂功课 上午　是修身　算数　国语 下午　是体操　图画 一个星期是七天
坐 { 洋车 / 马车 / 汽车	洗衣裳 　晒铺盖 　溜达	
才 { 去了 / 回来了 / 吃了 / 洗了 / 完了 / 扫了	（补充语） 天晴了　女人 （练习） 今天天气好 一点儿云彩也没有 一点儿风也没有 天气很暖和	（练习） 星期　　　　礼拜 星期一　　　礼拜一 星期二　　　礼拜二 星期三　　　礼拜三 星期四　　　礼拜四 星期五　　　礼拜五 星期六　　　礼拜六 一个星期 一个礼拜 这个礼拜 上礼拜 下礼拜
怎么这样○○ 　　——多 　　——少 　　——大 　　——慢 　　——贵 　　——不下雨 　　——不好	小河的旁边儿 也有鸭子　也有猪 有一个女人 在小河里洗衣裳 有两个小孩儿 看看飞机 天气怎么样呢 风刮起来了 雨下起来了 天气坏了 道儿不好走 天气好了吗 风也住了 雨也住了 天晴了 咱们溜达去吧	明天都有什么功课 头一堂　是修身 第二堂　是国语 第三堂　是算数 第四堂　是体操 下晌*12　头一堂是手工 第二堂　是图画 明儿*13　没有写字吗 没有！　唱歌　历史 地理　理科　也都没有 星期六　有几堂功课 有四堂功课 ―――― ＊12　下晌（方）＝下午 ＊13　明儿（方）＝明天

原本　第三卷

（第十一）		（第十二）
滿洲國的地方很大 高粱　豆子　包米甚麼的 出的很多 還有豆油和豆餅 出的也不少 撫順出煤 鞍山出鐵 （補充語） 麥子 穀子 地圖 （練習） 這是滿洲的地圖 出產東西的地圖 滿洲國地方兒很大 有多麼大呢 有日本國的兩倍大 各地方兒出產很多的東西 出產甚麼東西呢 高粱豆子包米甚麼的 還有豆油豆餅麥子穀子 出產也不少 以外煤鐵出產的也很多 煤在哪兒出產 煤在撫順出產 鐵從哪兒出產 鐵從鞍山出產 豆子在滿洲各地方出產很多 豆油豆餅是用豆子做出來的	滿洲 ⎫ 大連 ⎬ 地方兒 = 奉天 ⎪ 新京 ⎭ = { 人　　　　　⎧多不多 　　出產的東西 ⎨不少 　　　　　　　　⎩很多 　　　　　　　　　不多 　　　⎧大 — 小 也不 ⎨多 — 少 　　　⎪貴 — 賤 　　　⎩重 — 輕 筆　紙　鉛筆甚麼的 　叫做文具 苹果　梨　柿子甚麼的 　叫做水果	馬車 　上火車站去 　要多兒錢 　您給兩毛錢罷 　給你一毛五 好　您上車罷 　來回兒 　往東去 　一直（的）走 　等一等兒 （補充語） 有座兒嗎 往南拐 往回走 沒法子 （練習） 洋車上學校去 要多兒錢 給兩毛錢罷 那太多 今天下雨道兒不好走 給你一毛五好不好 馬車！　有座兒嗎 沒座兒　您上哪兒去 上火車站去 要多兒錢 五毛錢 那太多了 不多呀　太遠哪 三毛錢　去不去 沒法子　你給四毛錢罷

第三卷　簡体字版

（第十一）		（第十二）
满洲国的地方很大 高粱 豆子 包米什么的 出得很多 还有豆油和豆饼 出得也不少 抚顺出煤 鞍山出铁 （补充语） 麦子 谷子 地图 （练习） 这是满洲的地图 出产东西的地图 满洲国地方儿很大 有多么大呢 有日本国的两倍大 各地方儿出产很多的东西 出产什么东西呢 高粱豆子包米什么的 还有豆油豆饼麦子谷子 出产也不少 以外煤铁出产得也很多 煤在哪儿出产 煤在抚顺出产 铁在哪儿出产 铁在鞍山出产 豆子在满洲各地方出产很多 豆油豆饼是用豆子做出来的	满洲 大连　　地方儿 = 奉天 新京 = { 人 　　出产的东西 { 多不多 　　　　　　　　不少 　　　　　　　　很多 　　　　　　　　不多 也不 { 大　—　小 　　　 多　—　少 　　　 贵　—　贱 　　　 重　—　轻 笔　纸　铅笔什么的 　叫做文具 苹果 梨 柿子什么的 　叫做水果	马车 　上火车站去 　要多儿钱 　您给两毛钱吧 　给你一毛五 　好　您上车吧 　来回儿 　往东去 　一直（的）走 　等一等儿 （补充语） 有座儿吗 往南拐 往回走 没法子 （练习） 洋车上学校去 要多儿钱 给两毛钱吧 那太多 今天下雨道儿不好走 给你一毛五好不好 马车！　有座儿吗 没座儿　您上哪儿去 上火车站去 要多儿钱 五毛钱 那太多了 不多呀　太远哪 三毛钱　去不去 没法子　你给四毛钱吧

原本　第三卷

（第十二）	（第十三）	（第十四）
來回兒　要多兒錢	這兩個　你看哪個好	您明天在家嗎
您給六毛錢罷	我看這個好	我明天不在家
一送兒要多少呢	那個怎麼樣	多喒在家呢
一送兒四毛錢	那個也不錯	請您後天來罷
來回兒五毛好不好	可是趕不上這個	甚麼時候兒好
有東西嗎		後半天有工夫
沒有東西	若是好　　就要	
好　您上車罷	若是不好　就不要	昨天　　前天
		大後天
快一點兒走	（練習）	
往哪兒去	有兩個女人	（練習）
一直（的）往東走	他們要買布	明天在家嗎
往南拐	賣布的人	明天不在家
你等一等　我還回去呢	拿出來好幾樣兒布	有甚麼事
走過了　往回走罷	給他們看一看	上街買東西去
		甚麼時候兒回來
雇 {洋車／馬車} {一天／半天} 多兒錢	這兩個比一比	後半天回來
	你看哪個好	現在有工夫兒嗎
	我看這個好	現在沒有工夫兒
	這個比那個好	做甚麼
一直（的）往 {東／南／西／北} 去	那個比這個還好	做事情
		晚上有工夫兒嗎
	這個比那個＝	晚上等你罷
	＝{大不大／貴不貴／多不多}	
		{昨天／前天／大前天} 上哪兒去
往 {東／南／西／北} 拐		
	你說的也不錯	多喒有工夫兒
	那個東西也不錯	{明天／後天／大後天} 有工夫兒
	他的衣裳也不錯	
	可是趕不上這個	
	他很快　我趕不上他	甚麼時候有工夫兒
	這就去能趕上	{早起／晚上} 有工夫兒
	沒趕上（了）	

第三卷　簡体字版

（第十二）	（第十三）	（第十四）
来回儿 要多儿钱	这两个 你看哪个好	您明天在家吗
您给六毛钱吧	我看这个好	我明天不在家
一送儿要多少呢	那个怎么样	多咱在家呢
一送儿四毛钱	那个也不错	请您后天来吧
来回儿五毛好不好	可是赶不上这个	什么时候儿好
有东西吗		后半天有工夫
没有东西	若是好　就要	
好 您上车吧	若是不好　就不要	昨天　前天
		大后天
快一点儿走	（练习）	
往哪儿去	有两个女人	（练习）
一直（的）往东走	他们要买布	明天在家吗
往南拐	卖布的人	明天不在家
你等一等 我还回去呢	拿出来好几样儿布	有什么事
走过了 往回走吧	给他们看一看	上街买东西去
		什么时候儿回来
雇 $\begin{cases}洋车\\马车\end{cases}$ $\begin{cases}一天\\半天\end{cases}$ 多儿钱	这两个比一比	后半天回来
	你看哪个好	现在有工夫儿吗
	我看这个好	现在没有工夫儿
一直（的）往 $\begin{bmatrix}东\\南\\西\\北\end{bmatrix}$ 去	这个比那个好	做什么
	那个比这个还好	做事情
		晚上有工夫儿吗
	这个比那个 =	晚上等你吧
往 $\begin{bmatrix}东\\南\\西\\北\end{bmatrix}$ 拐	= $\begin{cases}大不大\\贵不贵\\多不多\end{cases}$	$\begin{matrix}昨天\\前天\\大前天\end{matrix}\Big\}$ 上哪儿去
	你说的也不错	多咱有工夫儿
	那个东西也不错	$\begin{matrix}明天\\后天\\大后天\end{matrix}\Big\}$ 有工夫儿
	他的衣裳也不错	
	可是赶不上这个	
	他很快 我赶不上他	什么时候有工夫儿
	这就去能赶上	$\begin{matrix}早起\\晚上\end{matrix}\Big\}$ 有功夫儿
	没赶上（了）	

原本　第三卷

（第十五）		（第十六）
昨天我們一家子 吃滿洲菜去了 吃了好幾個菜 　炸丸子 　炒肉片兒 　熘海參 　三鮮湯 這四樣兒我最愛吃 （練習） 他們都是一家子 有祖父祖母 有父親母親 哥哥兄弟 姐姐妹妹 一共有八個人 他們吃滿洲菜 桌子上有好幾樣菜 他們吃甚麼菜 吃好幾樣菜 他最愛吃的是甚麼 　炸丸子 　炒肉片兒 　熘海參 　三鮮湯 是這四樣兒菜 你們吃過滿洲菜嗎 我吃過滿洲菜 滿洲菜好吃不好吃 很好吃 比西洋菜怎麼樣呢 比西洋菜還好吃	好幾 ｛ 樣　東西 個　果子 家　挂旗子 次　旅行去了 回　去了 這幾樣○○ ｛ 最好 都好 我不愛 都很貴 最 ｛ 貴的　快慢 大　小　好　不好 熱　冷　甜　酸 長　短　高	到了年底了 家家兒都預備過年 貼對子　包餃子 三十兒晚上放炸炮 新禧　新禧 　過年好啊 同禧　同禧 　您過年好啊 （練習） 現在到了年底了 今天是二十一號 再過（了）九天 就是過年初一 家家兒都買東西 預備過年 我們先打掃打掃 屋裡　院子　窗户 都很乾净了 父親和哥哥　貼對子 母親和姐姐　包餃子　做過年的菜 我和弟弟　在外邊兒放鞭炮 家家兒都很熱鬧 到了過年初一 我們都拜年 對父親說 "爹爹您好啊" 對母親說 "媽媽您好啊" 對朋友們說 "新禧　新禧 　過年好啊"

第三卷　簡体字版

（第十五）		（第十六）
昨天我们一家子 吃满洲菜去了 吃了好几个菜 　炸丸子 　炒肉片儿 　熘海参 　三鲜汤 这四样儿我最爱吃 （练习） 他们都是一家子 有祖父祖母 有父亲母亲 哥哥兄弟 姐姐妹妹 一共有八个人 他们吃满洲菜 桌子上有好几样菜 他们吃什么菜 吃好几样菜 他最爱吃的是什么 　炸丸子 　炒肉片儿 　熘海参 　三鲜汤 是这四样儿菜 你们吃过满洲菜吗 我吃过满洲菜 满洲菜好吃不好吃 很好吃 比西洋菜怎么样呢 比西洋菜还好吃	好几 ｛ 样 东西 　　　 个 果子 　　　 家 挂旗子 　　　 次 旅行去了 　　　 回 去了 这几样〇〇 ｛ 最好 　　　　　 都好 　　　　　 我不爱 　　　　　 都很贵 最 ｛ 贵的 快 慢 　　 大 小 好 不好 　　 热 冷 甜 酸 　　 长 短 高	到了年底了 家家都预备过年 贴对子　包饺子 三十儿晚上放鞭炮 新禧　新禧 　过年好啊 同禧　同禧 　您过年好啊 （练习） 现在到了年底了 今天是二十一号 再过（了）九天 就是过年初一 家家儿都买东西 预备过年 我们先打扫打扫 屋里　院子　窗户 都很干净了 父亲和哥哥　贴对子 母亲和姐姐　包饺子　做过年的菜 我和弟弟　在外边儿放鞭炮 家家儿都很热闹 到了过年初一 我们都拜年 对父亲说 "爹爹您好啊" 对母亲说 "妈妈您好啊" 对朋友们说 "新禧　新禧 　过年好啊"

原本　第三卷

（第十六）	（第十七）	（第十八）
到了 ｛ 時候兒了／晚上了／月底了／大連了／奉天了 ｝	你會説日本話嗎 會一點兒　不多 在哪兒學的 在學校裡學的 我説的滿洲話 　對不對 您説的很好 　學了幾年 學了三年	快到畢業了 身體也強健了 各樣的事情也都明白了 滿洲話也會説一點兒了 這都承各位先生的教訓 以後更要用功 總要成一個體面人物
飯／菜／車／你們 ｝ 預備好了（嗎） 都預備好了 對子／紙條／畫兒 ｝ 帖在哪兒 貼在 ｛ 門上／那兒／這兒 ｝ 罷 貼了嗎　貼了	（練習） 您貴姓 我姓丸山 您會説滿洲話嗎 會一點兒 可是不多 您説的滿洲話很好 您的日本話很好 您拿滿洲話説罷 我説的還不好 在哪兒學的 在學校裡學的 先生是滿洲人嗎 不是　是一位日本人 日本人學滿洲話 滿洲人學日本話 這（是）很方便	（練習） 你們是六年生 日子過的很快 再過二十天 就要畢業了 一年生的時候兒 你們的身體很小 各樣兒的事情都不明白 滿洲話也不會説 現在 你的身體長大 各樣兒的事情 也都明白了 滿洲話也會説 你們成了一個好學生了 以後也要好好兒用功 成一個體麵人罷 快到 ｛ 春天了／夏天了／秋天了／冬天了／年底了 ｝ 總要 ｛ 學滿洲話／買一個／再去一回／雇一個人 ｝

第三卷　簡体字版

（第十六）	（第十七）	（第十八）
到了 { 时候儿了／晚上了／月底了／大连了／奉天了 }	你会说日本话吗 会一点儿　不多 在哪儿学的 在学校里学的 我说的满洲话 　对不对 您说的很好 　学了几年 学了三年 （练习） 您贵姓 我姓丸山 您会说满洲话吗 会一点儿 可是不多 您说的满洲话很好 您的日本话很好 您拿满洲话说吧 我说的还不好 在哪儿学的 在学校里学的 先生是满洲人吗 不是　是一位日本人 日本人学满洲话 满洲人学日本话 这（是）很方便	快到毕业了 身体也强健了 各样的事情也都明白了 满洲话也会说一点儿了 这都承各位先生的教训 以后更要用功 总要成一个体面人物 （练习） 你们是六年生 日子过得很快 再过二十天 就要毕业了 一年生的时候儿 你们的身体很小 各样儿的事情都不明白 满洲话也不会说 现在 你的身体长大 各样儿的事情 也都明白了 满洲话也会说 你们成了一个好学生了 以后也要好好儿用功 成一个体面人吧 快到 { 春天了／夏天了／秋天了／冬天了／年底了 } 总要 { 学满洲话／买一个／再去一回／雇一个人 }
饭／菜／车／你们　预备好了（吗） 都预备好了 对子／纸条／画儿　帖在哪儿 贴在 { 门上／那儿／这儿 } 吧 贴了吗　贴了		

著者略歴

川村　邦夫（かわむら　くにお）

1935年旧満州国奉天（現中国瀋陽）で出生．
東京大学薬学部卒，薬学博士．
武田薬品工業株式会社勤務（品質管理部長，理事，製薬本部副本部長）．大塚製薬株式会社徳島本部勤務（顧問）を経て，生産本部顧問，その間，1995年から2002年まで8年間近畿大学で薬学統計学の講義を担当．WHOアドバイザー（医薬専門家委員会），現在，大塚製薬株式会社生産本部（顧問），瀋陽薬科大学客員教授を務める．

単著書：「バリデーション総論」（じほう），「バリデーションの実際」（じほう）．
　　　　「柳絮舞うところ―ある製薬技術者の回想」（丸善プラネット）．
　　　　「21世紀における科学技術のあり方」（丸善プラネット）．
編著・共著：「製薬用水の製造管理と品質管理」（じほう）．
　　　　「GMP微生物試験法」（じほう）．
　　　　"Pharmaceutical Process Validation"（Marcel Dekker, N.Y., USA）
　　　　関連著書．論文多数．

旧満州で日本人小学生が学んだ中国語
―20年間正課授業として行われた教育と背景

2014年7月30日　初版発行

著作者　川　村　邦　夫　　　　　　　　　©2014

　発行所　丸善プラネット株式会社
　　　　　〒101-0051　東京都千代田区神田神保町2-17
　　　　　電話（03）3512-8516
　　　　　http://planet.maruzen.co.jp/
　発売所　丸善出版株式会社
　　　　　〒101-0051　東京都千代田区神田神保町2-17
　　　　　電話（03）3512-3256
　　　　　http://pub.maruzen.co.jp/

組版・印刷・製本／株式会社 三秀舎

ISBN 978-4-86345-218-3 C0037